Karl Wanninger A la Carte

Karl Wanninger präsentiert

A la Carte

Speisekarten aus aller Welt

Rosenheimer Verlagshaus

Inhalt

(Übersicht nächste Seite)

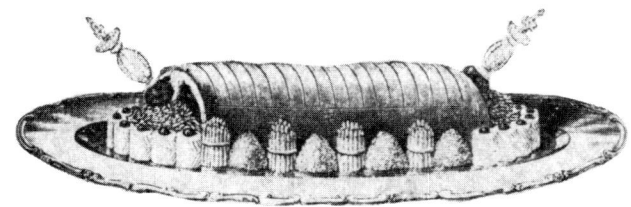

Speisekarten aus aller Welt

Man kann Briefmarken sammeln, Käfer und Schmetterlinge, Zündholzschachteln, Münzen, Bierfilze, und manche Leute sammeln auch eingewickelte Zuckerstücke. Die letzteren haben's gut: in Notzeiten können sie ihre Sammlung ratzeputz aufessen. Der Autor dieses Buches sammelt Speisekarten. Abbeißen kann er zwar davon nicht, aber sie anzuschauen bereitet jedesmal neu ein nahezu sinnliches Vergnügen. Sie erinnern an grandiose Freßorgien, an rustikale Mahlzeiten, an elegante Diners, an fremde Städte, an Bistros in Paris, an italienische Albergos, Churrascerias in Brasilien, Nobelrestaurants in New York, an Kneipen in Holland, Restaurants in Skandinavien, ganz einfach an all die kulinarischen Inseln, die eine Reise wert sind.

Nicht nur die gastrosophische Kunst, sie zu lesen und sich alle die dort verzeichneten Gerichte vollendet vorzustellen, nicht nur dies ist eine freundliche Beschäftigung, Speisekarten sind auch Kultur- und Sittengeschichte der Zeit. Wenn man das Glück hat, historische Stücke zu besitzen, dann tauchen mit den fürstlichen Tafeln und den besonderen Gelegenheiten auch die Menschen auf und die Schicksale. Seit wann gibt es Speisekarten? Darüber streiten sich die Gelehrten. Durchaus möglich, daß schon assyrische Gastwirte ihr Tagesmenü auf Tontafeln geritzt und vor die Tür gestellt haben. Und noch viel früher, in den Anfangszeiten der Menschheit, hat der Jäger Ur das Bärenfell vor seine Höhle gehängt, und da wußten seine Freunde, bei dem gibt's was zu knabbern. Von den alten Griechen und Römern sind authentische Speisenfolgen überliefert, also müssen sie aufgeschrieben worden sein. Vielleicht aber bestand damals schon die Sitte wie später im Mittelalter, daß ein Hofmeister die prächtig aufgetragenen Gerichte ankündigte. Die Erfindung der Speisekarte in der heutigen Form wird auf die Wende vom 15. zum 16. Jahrhundert datiert. 1521 beim Reichstag zu Worms hat Herzog Heinrich von Braunschweig seinen Küchenmeister alle Gerichte eines Festessens auf Pergament schreiben lassen, so daß sich die Gäste den Appetit einteilen konnten. Andere nennen bereits das Jahr 1489 und den Reichstag von Regensburg als Geburtsjahr der Speisekarte. Das waren allerdings Menükarten, denn sie dienten ja nur einem Festessen mit vorgeschriebener, wenn auch ziemlich reichhaltiger Speisenfolge.

Die Restaurant-Speisekarte ist rund dreihundert Jahr jünger. Etwa im letzten Drittel des 18. Jahrhunderts entstanden in Paris die ersten Restaurants moderner Art. Bis dahin konnte man nur in Herbergen speisen. Die Albergos und Hotels lieferten den Gästen meist nur zu festgesetzten Zeiten eine begrenzte Anzahl von Gerichten, beileibe nicht die spätere Auswahl. Um 1770 etwa entstanden in Paris die ersten Speiselokale, in denen jedermann, der Geld hatte natürlich, nahezu zu jeder Tages- und Abendzeit lukullisch genießen konnte. Der Gast hatte eine reichliche Auswahl, so daß auch dem bürgerlichen Stand mit dieser Erfindung die Annehmlichkeiten der besseren, der höfischen Küchen zuteil wurde.

Brillat-Savarin, der in seinem Buch »Physiologie des Geschmacks« dem Aufkommen der Restaurants, das er als Zeitgenosse miterlebte, ein eigenes Kapitel widmet, schildert das reiche Angebot dieser Lokale. Danach konnte ein Gast bei den Restaurateuren Very beispielsweise oder bei den Gebrüdern Provenceaux für die Zusammenstellung seines exzellenten Mahls unter folgenden Gerichten wählen: 12 Suppen, 24 Horsd'œuvres, 15 bis 20 Rindfleischgerichten, 24 Hammelgerichten, 30 Wild- und Geflügelgerichten, 15 bis 20 Kalbfleischgerichten, 12 Pasteten, 24 Fischgerichten, 15 Braten, 50 Zwischengerichten und 50 Nachtischen. Man sieht an dieser Fülle, die ersten Restaurateure hatten den Standard der fürstlichen Häuser übernommen. Von Paris aus verbreitete sich die Mode der Restaurants über ganz Europa. 1784 legte der Wirt vom »Roten Apfel« in Wien zum erstenmal den Gästen eine Speisekarte vor, aus der sie wählen konnten.

Aber natürlich blieb es in vielen gastlichen Stätten, insbesondere in denjenigen mit geringer Auswahl, weiterhin Sitte, die Gerichte auf eine Tafel zu schreiben. So wie es heute noch viele ländliche Wirtschaften halten.

Für dieses Anschreiben an die Tafel, als Wegweiser für die zu erwartenden Genüsse, gibt es eine klassische Geschichte. Als der deutsche Kardinal Johannes Fugger im Jahr 1111 nach Rom reiste – oder zumindest reisen wollte –, da schickte der fromme Herr, leiblichen Genüssen aus Küche und Keller nicht abhold, seinen Diener voraus. An den Herbergen, wo der Wein gut war, mußte der Vorreiter und Vorschmecker ein »Est« (ist da) anschreiben. So geschah es, und die Reise war auf Grund dieser Voraussicht äußerst angenehm. In Montefiascone jedoch stand »Est Est Est« auf der Tafel, und das sollte ausdrücken, daß der Wein hier dreifach gut sei. Der Herr Kardinal fand das Urteil gerecht, und er trank immer noch einen, ließ den lieben Gott einen guten Mann sein, wie man sagt, und vergaß auch den Heiligen Vater in Rom. Und wenn er am guten Est Est Est (der heute noch so heißt) nicht gestorben wäre, dann lebte er noch heute.

Um auf die Speisekarten zurückzukommen, auch sie sollen helfen, den Weg zu finden zu guten Gerichten. Erfahrenen Essern (jawohl, so was gibt's) verraten Speisekarten sehr viel. Wenn in einem bayerischen Dorfwirtshaus auf der Karte steht Hemmentex (das soll ham and eggs heißen) oder Ruhmstöck (das soll Rumpsteak heißen), dann ist noch nicht ausgeschlossen, daß es dort einen ausgezeichneten Schweinsbraten gibt. Speisekarten müssen dem Haus angepaßt sein, sie müssen ehrlich die Möglichkeiten der entsprechenden Küche widerspiegeln. Besser ein kleines Pariser Bistro mit nur zwei, drei vollendeten Gerichten auf der Karte als ein Allerweltswirtshaus mit 60 Nummern, die aber alle gleich schmecken und die gleiche Sauce haben.

Baron Eugen von Vaerst, einer der größten deutschen Feinschmecker und Kochphilosophen, schrieb vor rund 150 Jahren über das Thema folgende gescheite Betrachtung, die auch heute noch gilt:

»Nicht bloß von dem gedruckten Küchenzettel, sondern auch von dem geschriebenen läßt sich auf den Geist der Küche schließen. Ich werfe nur einen Blick, aber es ist, hoffe ich, ein Kennerblick, in einem Gasthause auf die Speisekarte, um zu sagen, ob ich essen will oder schon satt bin. Starke kräftige Schriftzüge verraten eine solche Kost, und sind sie noch dazu regelrecht geschrieben, so läßt sich schon etwas mehr erwarten. Ist sogar die französische Orthographie richtig, so ist wohl gar ein französischer Koch in der Küche, wenigstens daselbst einige geistige Küchenbildung. Eckige, zugespitzte Buchstaben verraten pikante Saucen; abgerundete, glatte aber mehr weiche und süßliche. Wo sich ein liederlich hingekritzelter, falsch geschriebener Zettel befindet, da setze man sich lieber nicht erst zu Tische.

Diese meine Theorie über die geschriebenen Küchenzettel wurde nur einmal, aber freilich ganz und gar zuschanden. Ich kam in mißmutiger Stimmung nach jahrelangem Aufenthalt in Italien nach Deutschland; mir ging es wie Winckelmann: die spitzen Dächer waren mir zuwider. Im schönsten Frühlingswetter war ich durch die Lombardei gefahren über Verona, längs der Adige; Öl- und Zypressenbäume hatten mich begleitet, und selbst die Felsen waren grün belaubt und bewachsen. Nach achtundvierzig Stunden fuhr ich zwischen wildem Schneegestöber durch das Pustertal nach Innsbruck und stieg in der ›Goldenen Sonne‹ ab. Es war Mittagszeit, ich fand einen elend geschriebenen Küchenzettel und den Kellner mit dem bekannten ›Was schaffen S'?‹ Ich forderte Austern und Gänseleberpasteten und Trüffeln und erhielt zu meiner Beschämung nur etwas Besseres. Prächtige Lachsforellen, Spargel, dick und lang gestreckt wie die Zedern des Libanon, auf der Zunge zerfließend wie Butter, kurz Spargel, wie man ihn in Italien nie findet, und endlich ein köstlich gebratenes Haselhuhn. Ich war mit meinem Vaterlande, selbst mit den Dächern, vollkommen ausgesöhnt.«

9

Soweit Baron von Vaerst im ersten Band seiner »Gastrosophie«. Im selben Buch berichtet er auch von Tribuzzi, einem berühmten österreichischen Feinschmecker aus Triest, der es sich leisten konnte, den Genüssen nachzureisen: zur Fasanenzeit in die Steiermark, zur Zeit der weißen Trüffeln nach Savoyen, zur Gänseleber nach Straßburg usw. Er nannte das »meine Kunstreisen«. Abgesehen davon, daß die heutigen Verkehrsverbindungen jeden Leckerbissen von jedem Flecken der Erde fast an jedem Ort der Welt erreichbar machen, wer könnte sich heute noch solche Reisen leisten? Menükartensammler machen diese Exkursionen mit dem Finger auf der Speisekarte. Da erleben sie alle Genüsse geistig noch einmal. Speisekarten sind in der gastronomischen Kunst dasselbe wie Theaterzettel in der dramatischen Kunst. Sie zeigen die einzelnen Akte an, von der Vorspeise bis zum Dessert, sie stellen die mitwirkenden Zutaten vor, und früher war es sogar der Brauch, den Regisseur des Ganzen, den Koch, aufzuführen. Ihn sollte man nach einem gelungenen Essen ruhig vor den Vorhang rufen und beklatschen.

Abgesehen von solchen ganz persönlichen Gefühlen beim Betrachten von Speisekarten, zeigen andere wiederum Zeitgeschichte und Kulturgeschichte an. Die Karten des preußisch-deutschen Kaiserhauses unter Wilhelm II. (am deutschen Wesen soll die Welt genesen) waren deutsch geschrieben, obwohl die hohe Küchenkunst eigentlich ohne Französisch nicht auskommt. Friedrich der Große, der bei Voltaire Philosophiestunden nahm, hielt es da anders. Seine französisch abgefaßten Menükarten waren nach den Mahlzeiten mit kleinen Kreuzchen bezeichnet. Damit hatte er am Rand die Speisen bezeichnet, die ihm besonders geschmeckt hatten.

Menükarten aus fürstlichen Häusern gehören zu den begehrtesten Sammelobjekten. Auch aus dem bayerischen Königshaus gibt es viele solcher Stücke. Eine der kostbarsten besaß der königlich-bayerische Leibkoch Theodor Hierneis, der ein reizendes Büchlein verfaßt hat. Darauf ist das kleine abendliche Souper verzeichnet, vom 13. Juni 1886 auf Schloß Berg: eine Consommé, ein Omelette au ris de veau, Poulet roti, salade d'asperges und ein Compot d'abricots. König Ludwig II. von Bayern, für den das Omelette mit Kalbsbries, das gebratene Huhn, der Spargelsalat und das Aprikosenkompott gedacht waren, aß nichts mehr davon. Und auch die Köche konnten sich nicht drüber hermachen. Denn sie wurden aus der Küche geholt, hinunter an den See. Sie sollten im Schloßpark den verschwundenen König suchen. Das Essen war kalt, als man Ludwig II. tot aus dem Wasser holte.

Der bekannte Gastronom und Speisekartensammler Ferdinand Sander besitzt eine Menükarte von einem Essen, das der sächsische Hof für das österreichische Kaiserpaar gab. Für ein kaiserliches Mahl war das Essen frugal: Es gab Edelpilzsuppe, Erbsen mit Schoten, Bachforellen, Butter, Salat, Früchte, Pfirsichgefrorenes, Käse und Nachtisch. Das Datum: 27. August 1918. Die Soldaten in den Schützengräben hungerten, und die königlichen Diners gingen ihrem Ende zu.

Natürlich erinnern Speisekarten auch an denkwürdige Ereignisse der Zeit. Bei solchen Gelegenheiten wird auch heute noch fürstlich getafelt. Zum Beispiel der erste Passagierflug über den Nordpol ist eine solche Gelegenheit, die Eröffnung einer Eisenbahnlinie, die Einweihung eines Baudenkmals, der Besuch eines hohen Staatsgasts. Oftmals kann eine Speisekarte auch an unvorhergesehene Denkwürdigkeiten erinnern. Zum Beispiel rettete ein Fahrgast die Menükarte vom untergegangenen Ozeanriesen »Andrea Doria«. Und auch die gute alte Zeit wird beim Betrachten der Speisekarten lebendig: Wenn man sieht, daß im Schweidnitzer Keller in Breslau vor rund fünfzig Jahren mit Mark bezahlt wurde und daß ein Filetsteak 60 Pfennige gekostet hat. Trost ziehen kann man aus den Speisezetteln, die, ordentlich wie wir sind, auch in den Gefängnissen ausgehängt werden. Man sieht an alledem, Spaziergänge durch Speisekarten sind eine schöne Beschäftigung. Und sie machen Appetit!

Zum Schluß sei noch ein Spruch von Brillat-Savarin zitiert, dem sicher alle Leser, außer den Astronomen, zustimmen werden: »Die Entdeckung eines neuen Gerichts trägt mehr zum Glück der Menschheit bei als die eines neuen Gestirns.« Leider haben die Menschen in vielen tausend Jahren Esserei schon fast alles erfunden und entdeckt. Aber man kann ja auch etwas bereits Erfundenes für sich selber neu entdecken. Und dazu soll dieses Buch beitragen.

Kartenlesen für Feinschmecker

Sich zu ernähren ist eine Notwendigkeit, richtig zu essen ist eine Kunst, die gelernt sein will. Die Zeiten sind Gott sei Dank vorbei, in denen es gutbürgerlich einen Magenfahrplan gab, der so regelmäßig wiederholt wurde wie die Tage der Woche, in denen es am Sonntag immer den gleichen Braten gab. Das ist ein Vorteil der mobilen Gesellschaft und der modernen Weltwirtschaft, daß fast jedermann heute in fremde Küchen geschaut hat und daß die Spezialitäten der ganzen Welt auch bei uns nahezu das ganze Jahr über zu haben sind.
Wir sind alle auf dem besten Weg, Feinschmecker zu werden, ein Privileg, das früher nur den Reichen vorbehalten war, weshalb so viele klassische Gerichte den Beinamen »nach Finanzmanns Art« tragen. Nicht nur die Reisen haben dazu beigetragen, unseren kulinarischen Horizont zu erweitern, die fremden Köche sind zu uns gekommen. Jede Großstadt hat ihre Hunderte von internationalen Spezialitätenrestaurants, und sogar auf dem Dorf sind schon Pizzaöfen aufgestellt, hat der Wirt statt Schweinsbraten auch einmal einen Coq au vin auf der Speisekarte.
Wir sind schon Fortgeschrittene in der Schule der Gastronomie, aber gerade da macht es Spaß, tiefer in die Geheimnisse der Kochkunst einzudringen.
Kartenlesen im Restaurant ist keineswegs eine so geheimnisvolle Sache wie das Kartenlesen bei der Wahrsagerin. Diese Kunst kann mit etwas Liebe jeder lernen. Und wer hat nicht die Liebe zum guten Essen, zu den schönen Stunden an der festlichen Tafel? Nun ist es ein guter Brauch, im Restaurant sich mit dem Kellner über das Essen zu beraten, sich die Speisen erklären zu lassen, ihn zu fragen, was er empfiehlt. Aber es ist halt besser, wenn da Kenner mit einem Kenner reden. Und es macht viel mehr Spaß, gibt Selbstbewußtsein, wenn einem die große internationale Speisekarte kein Buch mit sieben Siegeln ist. Damit Sie Ihr kulinarisches Wissen ein bißchen aufpolieren können, haben wir ein Abc der Speisekarte zusammengestellt. Es ist beileibe nicht vollständig, dafür brauchten wir so viel Bände, wie das Große Lexikon enthält, aber es stellt die gebräuchlichsten Ausdrücke vor, die immer wieder auf internationalen Menüs erscheinen. Wir wollen damit nicht die Flut der Rezeptbücher vermehren, hier sollen hauptsächlich die Ausdrücke erklärt werden, so daß Sie wissen, was Sie erwartet, wenn Sie mit dem Zeigefinger auf dies und jenes Gericht deuten. Und daß Sie nicht das Dessert vor dem Horsd'œuvre bestellen. So etwas sollen weltreisende Neureiche, deren Geld im umgekehrten Verhältnis zu ihrem Geschmack stand, schon getan haben.
Wir hoffen, daß mit dem Lesen der Appetit kommt, und bitten um Nachsicht, wenn kenntnisreiche Feinschmecker in dieser kurzen Übersicht manches vermissen werden. Unser Abc soll auch nur eine Vorspeise sein, soll anregen zum Eintritt in die weltumspannende Brüderschaft der Feinschmecker, die über alle Sprachgrenzen hinweg kaum Verständigungsschwierigkeiten haben.
Ein Trost, daß wir genausowenig wie ein ausgefuchster Chefkoch jemals ganz perfekt werden können. Allein für die Seezunge nennt das berühmte Küchenlexikon von Hering 421 (in Worten vierhunderteinundzwanzig) Zubereitungsarten!

Das Abc der hohen Küchenkunst

A

À la oder à l' (vor Vokal oder stummem h) heißt »nach Art…« Kommt sehr häufig auf der Speisekarte vor. Hieß früher à la mode (was heute laut Duden »nach der neuesten Mode« bedeutet). Beispiele für »à la« sind: à la carte (nach der Speisekarte und kein vom Gastgeber zusammengestelltes Menü); à la bourgeoise (auf bürgerliche Art); à la hollandaise (auf holländische Art); à la bourguignonne (burgundisch); à l'alsacienne (elsässisch).

Abatis, das ist auf der klassischen französischen Karte das Jung oder Klein, abatis de volaille (Geflügelklein), Kopf, Hals, Herz, Magen, Füße und Flügel mit einer würzigen Sauce gekocht.

Abricots, richtig geraten, heißt Aprikosen und kommt auf der internationalen Karte nicht selten vor, denn besonders viele Süßspeisen sind mit Aprikosen zubereitet.

Admiralsart oder *à l'amiral* ist, wie schon der Name sagt, eine besonders feine Art, edle Seefische zuzubereiten, nämlich im Wein- und Fischsud mit Krebsbutter, umlegt mit Krebsschwänzen, Trüffeln, Muscheln und gebackenen Austern.

Ail, da heißt's Vorsicht, denn das ist auf französisch der Knoblauch, und der wird in der Küche unserer Nachbarn viel, wenn auch sparsam verwendet. Es ist allerdings übertrieben, wenn behauptet wird, daß der Koch einer reichen Dame eine Knoblauchzehe kaute und dann den Salat nur mit seinem Atem würzte. Wer gerne Knoblauch ißt, sollte dafür sorgen, daß sein Begleiter oder seine Begleiterin desgleichen tut.

Allumettes sind Zündhölzer, aber in der Küchensprache heißen auch die Blätterteigstäbchen so, die entweder bloß mit Eiweiß überbacken werden, oder die mit würzigen Pasteten bedeckt sind.

Amerikanische Art, das galt bei uns lange als nicht besonders fein, aber inzwischen hat Amerika eine Küchenkultur entwickelt, die höchsten europäischem Standard entspricht. Amerikanische Art oder *à l'americaine* heißt in der Gastronomie, daß das Feinste vom Feinsten, nämlich der Hummer, zur Garnitur gehört.

Amerikanische Frühstücksplatten: Zum ersten Frühstück reicht man in den USA American Cereals und Breakfastdishes, kleine Gerichte aus Mehl, Grieß, Mais, Cornflakes, Puffreis, Haferflocken usw.

Antipasti kennt jeder Italienfahrer, das sind die pikanten Vorspeisen, bestehend aus Sardinen, Thunfisch, Essiggemüsen, Kapern, Sardellen, Oliven usw.

Artischocken oder *artichauts* sind in Afrika beheimatete Distelpflanzen, deren apfelgroße Blüten wundervoll schmecken. Sie kommen heute hauptsächlich aus Frankreich und Italien auf unsere Tische. Sie werden in Salzwasser mit etwas Zitronensaft weichgekocht, auf Servietten abgetropft. Dann wird bei Tisch jedes Blatt einzeln abgezupft, in eine Hollandaise (siehe diese) getunkt und dann das untere

Ende des Blattes mit den Zähnen abgestreift. Besonders gut sind die Artischocken-
herzen *(cœur d'artichauts)* oder die Artischockenböden *(fonds d'artichauts),* die
man mit der Gabel herausholt. Außerdem zaubern die Köche die wunderbarsten
kleinen Schlemmereien mit Artischockenböden.

Aspik oder *Aspic* ist Sulz, Sülze, Gelee, bezeichnet aber in der Küchensprache ein
Gericht, das in Aspik oder Sülze eingelegt ist. Gekochtes oder gebratenes Fleisch,
Fisch, Ei, Gemüse usw. wird dabei kalt in Portionsstücken in eine mit Aspik ge-
füllte Form eingelegt, obenauf nochmals Aspik, dann wird es auf Eis gestockt. Das
Gericht wird auf Teigtörtchen gestürzt, auf Salat oder in Schüsseln angerichtet.
Dazu gibt es Mayonnaise oder Ravigote-Sauce (siehe diese).

Attereaux, auch *brochettes* genannt, sind die kleinen Silberspießchen, auf denen
Fleisch, Geflügelstückchen, Fische, daneben Speck, Pilze, Schinken usw. aufge-
reiht sind. Gebraten (paniert oder ohne) werden sie an Holzspießchen und erst zum
Servieren auf die schönen Silberspießchen gesteckt. Entweder zieht man sie schon
vor dem Braten durch eine pikante Sauce oder serviert sie fertig mit einer Sauce. Das
klassische französische Rezeptbuch kennt eine lange Reihe solcher Attereaux.

Austern, französisch *huitres* genannt, sind die kostbarsten der Meeresmuscheln.
Nach altem Brauch kommen sie nur in den Monaten mit einem r, also von Septem-
ber bis April auf den Tisch. Austern werden heutzutage per halbes Dutzend oder
per Dutzend als Vorspeise verzehrt. Sie waren auch in früherer Zeit als Einleitung
zu einem Diner gedacht, aber die Feinschmecker verzehrten damals gewaltige
Mengen. So berichtet Brillat-Savarin: »Man wird sich erinnern, daß früher jedes ei-
nigermaßen festliche Mahl in der Regel mit Austern begann und daß es immer eine
ganze Anzahl Gäste gab, die erst nach einem Gros (zwölf Dutzend = 144 Stück)
aufhörten. Ich wollte wissen, wie groß das Gewicht dieser Vorhut ist, und habe
festgestellt, daß ein Dutzend Austern einschließlich Wasser vier Unzen Handels-
gewicht hat, das Gros also drei Pfund wiegt ...« Das waren keine Kostverächter,
damals im alten Frankreich vor der Revolution. Es gibt allerdings heute viele Leute,
die um nichts in der Welt auch nur eine einzige Auster hinunterbringen. Sie ver-
säumen allerhand, denn der Geschmack, nur mit ein bißchen Zitrone drauf, allen-
falls einem Tropfen Weinessig oder ein wenig Pfeffermühle, ist unvergleichlich.
Und auch die Zeremonie, die erfrischende Köstlichkeit aus der Schale zu schlürfen,
ist ein kulinarischer Höhepunkt. Zugegeben, über Geschmack läßt sich immer
streiten. König Jakob von England soll einmal während eines üppigen Austern-
mahls gesagt haben, daß derjenige, der als erster eine Auster verspeist hat, ein muti-
ger Mensch gewesen sein müsse. Recht hat er, denn das war ein Experiment. Obwohl es auch heute noch manchmal Austernvergiftungen gibt, ist das Risiko jetzt
gering. Die Austern werden auf Eis und frischen Algen transportiert und serviert.
Sie werden erst unmittelbar vor dem Essen geöffnet, sind also garantiert frisch beim
Verzehr, denn da leben sie ja noch. Man kann die Austern, insbesondere die größeren, auch für Suppen, Ragouts oder Pasteten verwenden oder sie braten. Die bekanntesten Sorten sind die Petit Portugais, die Claires von der Bretagne, die Arca-
chon (Landes), die Marennes, die amerikanischen und norwegischen Blue Points,
aus England die Whitstable-Natives.

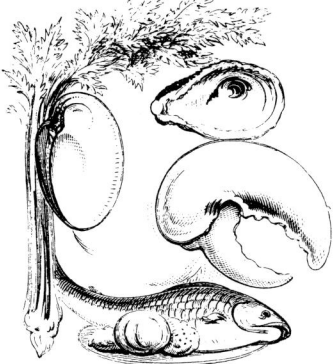

Avocado oder auch *avocato,* das ist eine Frucht, die bei uns erst in den letzten Jahren durch Importe aus Israel bekannt geworden ist. In der großen Küche war sie
schon länger in Gebrauch. Die Amerikaner nennen sie Alligator-Birne. Aus der
Avocado werden in der internationalen Küche sowohl pikante saure Vorspeisen

wie auch süße Dessert bereitet. Bekannt der Avocado-Cocktail, oder ganz einfach eine halbierte Avocado, bei der in der Kernöffnung Krabben mit einer pikanten Ketchupsauce serviert werden.

B

Baba ist ein französischer Napfkuchen, zum Beispiel ein Savarinteig mit Rosinen und Korinthen in der Becherform gebacken und noch heiß mit kaltem Rum (Baba au Rhum) oder Kirschwassersirup übergossen.

Bacon and eggs, das ist ganz simpel Schinkenspeck und Eier auf der Pfanne gebraten. Die Engländer sagen zu dieser ihrer beliebtesten Frühstücks-Unterlage auch ham and eggs.

Bäckerin-Art ist eine Garnitur, bei der Zwiebeln und Kartoffeln in Scheiben geschnitten mit dem Fleisch gargemacht werden. Bei Geflügel sind es glasierte Zwiebelchen und olivenförmig ausgeschnittene Kartoffeln.

Ballotines, Jambonneaux oder gefüllte Geflügelkeulen: Dafür werden die Schenkel von Hühnern, Fasanen, Truthühnern entbeint und mit verschiedenen delikaten Farcen aus gehacktem Fleisch, Kräutern usw. gefüllt. Dann werden sie gebraten oder gedünstet und erkaltet glasiert.

Barquettes, das heißt wörtlich »kleine Schiffchen«. Schiffchenformen werden mit diversem Teig, mit Reis oder Grießmasse ausgelegt, gebacken und dann mit verschiedenen Würfelragouts oder Mus gefüllt. Es gibt allerdings nicht nur Schiffchen mit Fleisch-, Fisch- oder Gemüsefüllung, sondern auch solche mit Früchten oder anderer süßer Füllung.

Bauernart oder *à la paysanne,* das ist für Fleisch- und Fischgerichte eine Garnitur aus Würfeln von Geräuchertem, Scheiben von gelben Rüben, Knollensellerie, Zwiebeln und gebratenen Kartoffeln.

Bayerische Creme oder *Crème Bavaroise* ist eine Spezialität, die aus dem weißblauen Land in die Speisekarten der ganzen Welt gefunden hat. Der Erfinder der kühlen, aber heißgeliebten Köstlichkeit ist unbekannt geblieben. Die Bayerische Creme wird aus Milch, Zucker, Eidottern mit aufgelöster Gelatine geschlagen. Zuletzt kommt Schlagrahm dazu. Man kann sie nun mit Fruchtgeschmack, mit Vanille, mit Schokolade, Likören usw. anreichern. Die internationale Küche kennt mindestens zwei Dutzend Variationen für die Bavaroise.

Bearner Sauce oder *Sauce Béarnaise* gehört zu den klassischen Saucen. Für die echte, die einst zu Ehren von Heinrich IV. von Frankreich erfunden wurde, läßt man Weißwein mit gehackten Schalotten, ein wenig Estragonessig, Estragonblättern, Kerbel, Salz und Pfeffer einkochen. Dann mit Eigelb und geschmolzener Butter am Ofenrand aufschlagen, durchseihen, würzen mit Cayennepfeffer, gehacktem Kerbel und Estragon. Nicht ganz leicht zu bereiten, aber vorzüglich für dunkles Fleisch.

Béchamelsauce gehört zum ersten, was der Saucenkoch lernt. Manche Anfangs-Hausfrau tut sich damit schwer. Die Sauce, die nach Marquis de Béchamel, einem reichen Finanzier und Feinschmecker am Hof Ludwigs XIV. benannt ist, wird aus

14

Butter, Mehl, Milch, Salz und Pfeffer hergestellt. Sie wird zu Gemüse, aber auch zum Gratinieren von Fleisch und Fisch verwendet. Kann mit Zwiebeln und Speck variiert werden.

Beignets sind Krapfen aller Art, zum Beispiel Hackfleisch, pikant gewürzt, in Brandteig gebacken. Natürlich auch die süßen Krapferl mit Konfitüre und Früchten gefüllt und in Puderzucker gewälzt.

Blanquettes, das sind weiße Ragouts von Kalb, Huhn, Lamm oder Kaninchen.

Blinis sind kleine Pfannkuchen aus Weizen und Buchweizenmehl, mit Heringen (in besseren Häusern mit Kaviar) gefüllt und mit brauner Butter beträufelt. Dazu ein Gläschen Wodka, denn das Gericht stammt aus Rußland.

Bœuf, unter diesem Titel kommen viele schmackhafte Rindfleischgerichte daher. So zum Beispiel das *Bœuf braisé* (Schmorbraten), *Bœuf en daube* (gebeizter Schmorbraten), *Bœuf salé* (gepökelter oder gesurter Rindsbraten), dann das berühmte *Bœuf à la mode* (mit einer dicken braunen Sauce), das auch bei uns zur Mode in der Hausmannskost wurde. Das allerfeinste ist das *Bœuf Stroganoff.* Abgelagertes Rindsfilet wird dafür in Würfel geschnitten und in stark erhitzter Butter rasch angebraten, so daß es innen noch rosig bleibt. Erst jetzt salzen und pfeffern und warm stellen. Im Fond auf der Pfanne feingehackte Zwiebel mit Fett anrösten, mit Mehl stäuben, mit Tomatenmark und saurem Rahm leicht durchkochen, schließlich über das Fleisch gießen und servieren.

Borschtsch ist ein russisches Standardgericht, das schon zur Zarenzeit die Grenzen überschritten hat und bei uns heimisch wurde. Eigentlich ist es eine Suppe. Rinderbrust und Rauchfleisch werden mit roten und gelben Rüben, mit Petersilienwurzeln, Weißkraut und Zwiebeln gekocht. Essig und Tomatenmus kommen hinzu, und mit Sauermilch wird die Suppe gebunden, dann durchpassiert. Serviert wird auf jedem Teller ein Stück Rindfleisch, Rauchfleisch und eine Scheibe Wurst, drüber die Suppe, und gesondert werden saurer Rahm und Vatruschki (das sind überbackene Topfenbrote) gereicht.

Bouillabaisse ist die berühmteste Fischsuppe Frankreichs, beheimatet an der Küste von Marseille, aber zu Hause auf den kultivierten Tischen der ganzen Welt. Stücke von verschiedenen kleinen Seefischen und von Langusten werden in Wasser und Öl gekocht. Außerdem kommen Tomaten, Safran, Lauch, Zwiebel, Knoblauch, Würzkräuter, Salz und Pfeffer in die Suppe. Weißbrotscheiben im Teller werden schließlich mit den fertigen Fischstücken belegt, und das wird glühheiß serviert. Die Brühe wird extra aufgetragen. Das ist das Originalrezept, zu dem es viele Variationen gibt.

Bouchées sind Mundbissen, kleine Pastetchen, die man mit einem Bissen verspeisen kann. Blindgebackene kleine Teigförmchen verschiedener Muster werden mit Würfelragouts gefüllt, beispielsweise die Königinpastetchen mit gewürfelter Hühnerbrust, Champignons und Trüffeln, und mit Geflügelrahmsauce.

Braisé heißt gedünstet oder geschmort, so ist Kopfsalat braisé gedünsteter Salat.

Bürgerliche Art oder *à la bourgeoise* ist eine Garnitur mit überglänzten gelben Rübchen, überglänzten kleinen Zwiebeln, mit Würfeln von Geräuchertem.

Burgunderart oder *à la bourguignonne*, da sagt schon der Name, daß bei dieser Zubereitungsart eine würzige Rotweinsauce nicht fehlen darf. Eine Ausnahme ist das *Fondue bourguignonne*, das allerdings auch nicht aus Burgund stammt, sondern seinen Namen von einem einfallsreichen Schweizer Koch hat.

C

Canapés sind kleine dünne Weißbrotscheiben. Geröstet und mit pikanten Sachen belegt die Zierde jeden kalten Buffets.

Canard à l'orange ist eine Ente, die mit Orangen gefüllt ist, ein richtiges Festessen für hohe Feiertage im Winter.

Canneloni, jedem Italienfahrer bekannt, die rundgerollten Teigflecken mit pikanten Hackfleischfüllungen, mit dicker Sauce übergossen, mit Käse gratiniert und im Töpfchen serviert.

Cannelons sind entfernte Verwandte davon, französische und daher mit Blätterteig hergestellte Röhrchen. Man füllt sie mit delikaten Fleischfarcen, mit Gemüse. Aber es gibt auch Cannelons mit süßen Füllungen, wie zum Beispiel Schaumrollen.

Cassoulet ist der klassische französische Bohneneintopf mit Schweinebauch, Rauchfleisch, Hammelfleisch und Knoblauchwurst. Das alles im Rohr überbacken. Häufig werden auch noch Gänsekeulen zu diesen Essen für kräftige Mägen verwendet.

Chateaubriand, ein ganz besonderes Steak (siehe diese), benannt nach dem Vicomte de Chateaubriand, der im ersten Kaiserreich lebte und, wie sein Ruf sagt, auch genoß.

Chaudeau ist eine süße Weincreme, ein Weinschaum, der mit Eigelb, Zucker und Wein im Wasserbad bereitet wird.

Chaud-Froid, pikante *Horsd'œuvres* in Aspik, die heiß bereitet und dann eiskalt gestellt werden.

Chicken Chop Suey ist ein in den USA weit verbreitetes chinesisches Hühnerragout mit Scheiben von Zwiebeln, Tafelpilzen, Selleriestangen, grünen Pfefferschoten und Kartoffeln, gewürzt mit Worcestershiresauce.

Chilisauce, eine scharfe mexikanische Sauce auf der Basis von roten Chilis, den mexikanischen Pfefferschoten.

Chili con carne stammt aus Argentinien, wurde aber über die USA weithin bekannt. Ein Gericht aus mageren Rindfleischwürfeln, die mit Nierenfett, Wasser, gehackten Zwiebeln und Reis, vermischt mit Chilipfefferstreifen, Thymian und Knoblauch gekocht werden.

Chop Suey ist ein chinesisches Schweinsragout, das wie das Chicken Chop Suey bereitet wird, nur daß man in diesem Fall eben statt Huhn Schweinefleisch nimmt.

16

Choucroute garnie ist garniertes Sauerkraut, stammt aus dem Elsaß und ist weltberühmt geworden. Sauerkraut wird in Schweinefett gedünstet mit Schinkenscheibchen, Speck, Würstchen, Gänsefleisch, Zwiebeln, Wacholderbeeren für den richtigen kräftigen Geschmack. Schließlich wird es angerichtet, und das Fleisch und Kartoffeln kommen obenauf.

Chowder, ein amerikanisches Gericht, das auch schon auf europäischen Tafeln erscheint. Eine Suppe aus Muscheln, Speck, Kartoffeln, Lauch, Paprikaschoten, die dick eingekocht wird. Beim Fish-Chowder wird anstelle der Muscheln portionierter Fisch genommen.

Cocotte: Œufs en cocotte, das hat nichts mit leichten Mädchen, nur mit leichter Kost zu tun. Es sind Eier, die in gebutterten Förmchen mit allerlei Würze, vorwiegend im Wasserbad gegart werden.

Cocktails sind nicht ausschließlich gemixte Alkoholika, sondern unter anderem auch Würfel aus Schalentieren, aus Fisch oder aus Muscheln, unter welche eine Sauce aus Tomatenketchup, Meerrettich und Zitronensaft gezogen wird. In hohen Stielgläsern serviert, dekoriert mit einem Salatblatt und vielleicht auch mit einer Zitronenscheibe, schmecken sie köstlich als Vorspeise.

Colbert-Kartoffeln sind in Würfel gebraten, mit flüssiger Fleischglace (Saft) geschwenkt und mit gehackter Petersilie bestreut.

Consommé, das ist eine entfettete klare Fleischbrühe, mit Schnittlauch bestreut, in der Tasse serviert.

Coq au vin, ein in Wein gekochtes Huhn mit vielen köstlichen Zutaten, ein veritables französisches Leibgericht.

Cordon bleu heißt eigentlich blaues Band, und der Erfinder dieses Gerichts verdient ein blaues Band mit Stern. Dicke Schnitzel vom Kalb werden zu einer Tasche geschnitten, mit einer Scheibe Schinken und einer Scheibe Käse gefüllt, mit Zahnstochern verschlossen, paniert und langsam im Fett gebacken, bis sie goldbraun sind.

Crêpes, das sind hauchdünne kleine Pfannenkuchen, die mit köstlichen süßen Sachen, beispielsweise Vanilleeis, gefüllt und mit heißer Schokoladensauce übergossen werden. Am berühmtesten sind die Crêpes Suzettes. Sie werden in einer Sauce aus Butter, Orangenlikör, Orangensaft und Zucker gebadet und vor dem Auftragen flambiert. Angeblich hat dieses Gedicht von einer Nachspeise ein Koch für einen englischen Thronfolger erfunden, der in Paris mit einer Schönen namens Suzette im Separée saß.

Curry ist eine scharfe Gewürzmischung aus Indien. Currys sind aber auch die Ragouts von Geflügel und Fleisch, die mit Curry zubereitet werden. Noch ein Beitrag der Engländer zur internationalen Küche!

Cumberlandsauce besteht aus Johannisbeergelee vermischt mit englischem Senf, Portwein, Orangen- und Zitronensaft, Cayennepfeffer, gehackten abgewellten Schalotten und Streifen von ungespritzter Orangenschale. Sie ist die unvermeidliche Zutat zu Rehrücken.

Chutney kam aus Indien mit den Engländern und ist eine kalte Würzsauce aus gebratenen und durchs Sieb gestrichenen Äpfeln, gefärbt mit rotem Rübensaft, gewürzt mit Essig, Knoblauch, Schalotten, Salz, Cayennepfeffer. Das ganze wird dick eingekocht. Heute gibt's in Spezialgeschäften viele Chutneys fertig.

D

Danish blue ist wohl der berühmteste Käse Dänemarks, blau geädert von feinem Schimmel, pikant und scharf ähnelt er dem Gorgonzola oder dem Roquefort.

Dänische Art oder *à la danoise,* das ist der gekochte Seefisch mit einer Garnitur von Kartoffeln und einer mit Sardellenbutter verfeinerten Schaumsauce.

Demidow oder manchmal auch *Demidoff* geschrieben, heißt eine sehr beliebte Garnitur für Fischgerichte. Der gekochte Fisch wird dabei mit einer Finanzmannssauce, mit Krebsfleisch, Oliven, Pilzen und Klößen angerichtet.

Deutsche Art oder *à l'allemande:* Ob es für den Hasenrücken oder die Kalbsbrust ist, deutsche Art ist zumeist gute Hausmannskost mit reichen Saucen. Und als Garnitur zum Fleisch Kartoffelmus und in Butter geschwenkte Nudeln.

Deutsche Sauce ist eine Samtsauce mit weißem Fond, Champignonsud, Muskatnuß, Zitronensaft und Eigelb, eingekocht und gebuttert.

Diplomatenart oder *à la diplomate,* das muß ja was besonders Feines sein, denn früher noch viel mehr als heute wurde Politik an der festlichen Tafel gemacht. Gedünsteter Fisch wird auf Diplomatenart mit einer Diplomatensauce (normannische Sauce mit Hummerwürfeln und Hummerbutter verfeinert) überzogen, dann mit Trüffelscheiben garniert. Beim Fleisch ist Diplomatenart eine Garnitur aus Kalbsmilch, Hahnenkämmen, Hühnernieren, Tafelpilzen und Madeirasauce.

Domherrenart oder *à la chanoine:* Es ist bekannt, daß im alten Frankreich aber auch anderswo die geistlichen Herrn – anderen leiblichen Genüssen entzogen – besonders die gute und reiche Tafel liebten. Laut Brillat-Savarin gaben die Feinschmecker in der Soutane ihrem »Laster« einen theologischen Anstrich, indem sie zum Beispiel das Fettwerden der Wachteln als göttliches Werk verehrten. Kein Wunder, daß viele Gerichte aus der hohen Kochkunst die Namen von Kardinälen, Bischöfen und Kanonikern tragen. Bei der Domherrenart werden Fischschnitten mit Krevettenfarce gefüllt und mit Sardellensauce aufgetischt.

Doria: Bei dieser nach dem Genueser Seehelden Andrea Doria benannten Zubereitungsart sind sowohl bei Fleisch wie Fisch in Butter gedünstete Gürkchen und braune Butter die Hauptsache. Ein großer Übersee-Passagierdampfer hieß Andrea Doria. Das italienische Schiff versank im Atlantik. Von seiner letzten Fahrt ist in diesem Buch eine Speisekarte.

Dressing ist der englische Ausdruck für Salatsaucen. Er hat sich immer mehr durchgesetzt, so daß man auch in der klassischen französischen Küche von French Dressing, Roquefortdressing, Escoffier Dressing usw. spricht. Dressings kann man heute in guter Qualität fertig kaufen. Viele Köche bereiten alle Dressings auf Grundlage der Mayonnaise, was nicht ganz richtig ist. Die echte French Dressing beispielsweise wird so gemacht: In einer flachen Schüssel werden verrührt ein Viertel Kaffeelöffel Salz, etwas weißer Pfeffer, ein kleiner Löffel Senf, ein Eßlöffel Essig und zwei Eßlöffel gutes Öl. Man kann noch dazutun gehackte Kräuter oder gehackte Essiggürkchen, Kapern, hartgekochte durchgetriebene Eigelbe oder auch süßen Rahm. Für die Roquefort Dressing wird die Basis der französischen Dressing einfach mit durchgestrichenem Roquefort vermischt.

Dubarry: Anscheinend war Blumenkohl ein Leibgericht der berühmten Geliebten von Ludwig XV., denn bei der Garnitur Dubarry ist stets mit weißer Sauce übergossener und überbackener Blumenkohl dabei, als Zutat für exquisite Fleischplatten natürlich.

Duchesses: gefüllte Brandteigkrapfen, eine Köstlichkeit nicht nur für Herzoginnen.

Dumas: Diese Zubereitungsart hat ihren Namen von Alexandre Dumas, der die »Drei Musketiere« und Hunderte anderer Romane geschrieben hat, aber auch der Verfasser eines großen Lexikons der Küche ist. Sein Buch gilt als Standardwerk. Nach Art von Dumas werden Fleischgerichte mit gelben Rübchen, gedünsteten Kohlköpfchen und gebratenem Speck umlegt.

E

Eclairs, auch Liebesknochen genannt, sind bei uns hauptsächlich aus der feinen Konditorei bekannt. Es ist Brandteiggebäck mit Vanille-, Mokka- oder Schokoladencreme gefüllt und glasiert. Es gibt jedoch auch ungesüßte Eclairs aus Brandteig, die beispielsweise mit Hühnermus oder getrüffeltem Gänseleberpürree gefüllt sind.

Ecrevisses sind Krebse, für deren Zubereitung die feine Küche mindestens drei Dutzend verschiedene Arten kennt. Zum Beispiel nach Kardinalsart: Eine Silbermuschel wird mit Herzoginkartoffelmasse (siehe diese) ausgespritzt und überbakken, mit Krebsschwänzen gefüllt, mit normannischer Sauce und Krebsbutter übergossen und mit Trüffelscheiben garniert.

Elsässer Art, das ist auf alle Fälle wohlschmeckende, aber deftige Küche. Es gibt zwei klassische Arten *à l'alsacienne:* Zum Fleisch Sauerkraut mit Schinken belegt als erste, zweitens gekochte Nudeln vermischt mit Würfeln von Gänseleber und Trüffeln als Beilage. Womit man sieht, daß die Elsässer, zwischen Frankreich und Deutschland hin und her gerissen, immer das Beste aus jedem Land holen.

Englische Art oder *à l'anglaise,* das heißt bei uns im Sprachgebrauch sofort ein Steak, das nicht durchgebraten, sondern leicht blutig ist. Richtig, aber es gibt auch englische Garnituren. Zu gekochtem Fleisch gehört danach Kapernsauce, Kartoffel-, Sellerie- oder weißes Rübenmus, aber auch Petersilsauce, gekochter Räucherspeck oder gedünstete kleine gelbe Rübchen und weiße Rübchen, grüne Erbsen und Scheiben von gekochter Pökelzunge. Fisch auf englische Art wird paniert mit Ei und weißen Semmelbröseln und gebraten.

Entrecôte, das Steak aus dem vorderen Teil des Roastbeef (siehe Steak).

Entrées, ein Ausdruck aus der klassischen Küchensprache, aus der Zeit der großen Menüs. Die Entrées bilden den Eingang zum Braten, dem Hauptstück. Sie wurden zwischen Fischgericht und Fleischgang serviert. Diese kleinen Zwischengerichte waren winzige Ragouts, Pastetchen usw.

Entremets, ebenfalls Zwischengerichte zwischen Braten und Nachtisch: Gemüse, auch süße Sachen oder auch Käse.

Escalopes sind Schnitzel (vom Kalb vorwiegend), die auf vielerlei Art serviert werden, vom Bismarck-Schnitzel (mit Tomatensauce, Kiebitzeiern, Tafelpilzen und Trüffelkugeln) bis zum Zigeuner-Schnitzel (mit Streifen von Räucherzunge, Tomatensauce und Pilzen).

Escargots, das sind die köstlichen Weinbergschnecken, ganz einfach mit Schnekkenbutter (Butter, Schalotten, Knoblauch und Petersilie) zubereitet oder auf eine der vielen Arten, die geschickte Köche erfunden haben.

Espagnole ist die braune Grundsauce, Basis für die Herstellung vieler pikanter Saucen.

Esterházy hieß eine große ungarische Adelsfamilie, vom Jet-set der k. u. k. Monarchie. Gutes Essen war damals eine der Hauptbeschäftigungen jener Kreise, kein Wunder also, daß einige Gerichte den Namen Esterházy tragen, zum Beispiel der Esterházy-Braten (ein Rostbraten mit Paprika und Rahm) oder die Esterházy-Schnitten, die in Wein gedünstet werden.

F

Fasan oder *Faisan* gehört zum edelsten Wildgeflügel. Auch in der Zeit der Tiefkühltruhen hängt der Vogel in seinem farbenprächtigen Gefieder noch an den Türen der Wildbrethändler. Wie gutes Rindfleisch richtig abgelagert sein muß, so muß der Fasan in den Federn gut abgehangen sein, damit er den rechten Wildgeschmack, den Hautgoût, bekommt. Ein Feinschmecker trieb den Hautgoût so weit, daß er behauptete, erst wenn der Faden, an dem der Fasan hänge, durchgefault sei und das Vieh herunterfalle, sei es zur Zubereitung richtig. Das ist sicher übertrieben. Junge Fasane werden mit Speckscheiben umwickelt und gebraten oder auch gespickt und mit allerlei feinen Farcen gefüllt. Es gibt viele Arten, den Fasan zuzubereiten, zum Beispiel à la Brillat-Savarin: Er wird gebraten, umlegt mit kleinen Törtchen, in denen Schnepfenauflaufmasse im Ofen gargemacht wird. Mit Trüffelscheiben garniert und mit Kraftsauce und Fasanenessenz wird er angerichtet. Die Fasanenbrüstchen oder *Suprême de Faisan* werden auf vielerlei Art zu köstlichen Schlemmereien gemacht.

Feinschmeckerart, du Gourmet, ist natürlich eine Garnitur besonderer Art. Das Fleisch wird dabei mit Ochsengaumen, Artischockenböden, Tafelpilzen, Trüffeln und Madeirasauce aufgetischt.

Fenchel, Fenouil oder *Finocchi,* ein beliebtes Gemüse: Die Knollen werden gedünstet oder paniert und gebraten und zu Fleisch oder Fisch gereicht.

Fettuccine sind italienische Bandnudeln, die mit Ragouts aus Fleisch oder Meeresfrüchten übergossen werden.

Filet ist das vollkommenste Fleisch, das sich unterhalb des Rückenmuskels zu beiden Seiten des Rückgrats hinzieht. Filets von Rind, Kalb, Schwein und Wild werden zu den verschiedensten ausgezeichneten Gerichten verarbeitet (siehe Steak).

Finanzmannsart oder *à la financière:* Auf solche Art werden, wie schon der Name sagt, die teuersten Genüsse bereitet. Fleischgerichte zum Beispiel mit Hahnenkämmen, Hühnernieren, Oliven, Trüffeln und kleinen Klößchen.

Fisolen, der Ausdruck begegnet ihnen öfter auf österreichischen Speisekarten. Das sind grüne oder weiße Bohnen.

Flageolets sind Bohnenkerne, die zu deftigen Eintöpfen verwendet werden.

Flambieren ist die hohe Küchenkunst, von der in jüngster Zeit allerdings ein bißchen zuviel Gebrauch gemacht wurde, allein des Schauspiels wegen, das der brennende Alkohol am Tisch erzeugt. Aber es kommt auf den Geschmack an. Bei Crêpes Suzettes (siehe diese) wird durch das Abbrennen tatsächlich das Aroma des Gerichts verbessert. Auch bei flambierten Kalbsnieren zieht der brennende Kognak in die Sauce. Flambiert werden vorwiegend Fleisch-, Geflügelspeisen, Süßspeisen und Früchte.

Fleurons sind kleine Blätterteiggebäcke als Garnitur zu verschiedenen Gerichten.

Fogosch, eine Art Zander, berühmter Speisefisch vom Plattensee.

Fond, das ist nichts anderes als der Bratensaft, der in verschiedener Art, eingedickt, in der Restaurantküche stets vorhanden ist.

Fondants sind Süßigkeiten, aber in der Küche versteht man darunter kleine Schmelzkrusteln, verschiedenes Fleischmus mit Saucen, paniert und in Fett schwimmend herausgebacken.

Fonds d'artichauts sind die Artischockenböden, aus denen die Köche viele köstliche Beilagen zaubern.

Fondue, die herrliche Schweizer Käsespeise, die auch in Savoyen und im Burgund zu Hause ist, war bei uns vor einigen Jahrzehnten noch weithin unbekannt. Heute gibt's in allen guten Restaurants und in vielen Haushalten den Caquelon, den feuerfesten irdenen Topf, oder den Kupferkessel für das Fleischfondue. Das klassische Fondue ist das Neuenburger: Der Caquelon wird mit einer Knoblauchzehe ausgerieben, Emmentaler und Greyerzer (Gruyere) zu gleichen Teilen geraspelt oder kleingeschnitten, herber Weißwein (am besten ein Schweizer Fendant), wenig Zitronensaft werden in der irdenen Kasserolle zum Schmelzen gebracht. Fleißig rühren. Mit Pfeffer und Muskatnuß würzen, dann auf dem Rechaud weiterköcheln lassen. Ein Gläschen Kirschwasser dazu. Fertig ist das klassische Fondue! Nach Bauernart sitzt man nun drumherum, spießt Weißbrotwürfel auf eine Gabel, tunkt sie in das Fondue, dreht und genießt. Wem ein Brotstückchen in den heißen Käse fällt, der stiftet eine Runde Kirschwasser. So wird's ein lustiges Essen. Es gibt außer dem Neuenburger noch viele Fonduearten. Berühmt ist das Fleischfondue Bourguignonne, bei dem die Filetstücke im heißen Öl auf dem Kupferkessel gegart und dann zu vielen pikanten Saucen verspeist werden. Dann gibt es auch Fisch-Fondues und sogar Fondues mit Schokolade, wobei Früchte in die heiße Schokolade getaucht werden.

Fricassée oder *Frikassee* ist ein Ragout aus weißem Fleisch in weißer Sauce, also von Lamm, Huhn oder Kalb.

Fridattensuppe ist ganz einfach eine Pfannenkuchen- oder Omelettesuppe, die in Österreich diesen exotischen Namen trägt.

Frikandeau heißt die Nuß von der Kalbskeule beim Metzger und beim Koch, der sie auf vielerlei Art zubereiten wird.

Fritto misto ist in Italien gemischtes Gebackenes. Kleine Fische, Muscheln, Krabben, aber auch Gemüsestückchen werden durch Backteig gezogen und im Öl der Friture gebacken.

Frutti di Mare sind Meeresfrüchte, paniert oder in Backteig getaucht, zum Beispiel Tintenfische, Austern, Muscheln usw., und in der Friture herausgebacken.

Froschschenkel oder *Cuisses de grenouilles,* eine Delikatesse! Sie werden entweder paniert oder in Teig gebacken. Aber auch gedünstet mit Wein und feinen Saucen, oder zu Fricassée verarbeitet, kommen sie auf den Tisch.

Frühlings-Art oder *à la printanière,* da braucht man nicht viel zu erklären, eine Garnitur dieser Art schmückt Fleischgerichte mit jungen Frühlingsgemüsen.

G

Galantinen oder *Rollpasteten* sind die Schmuckstücke jeden kalten Buffets. Zum Beispiel die *Galantine des Canard:* Nach alter Art wird dazu die Ente entbeint, die Haut mit Entenfarce, Würfeln von Trüffeln, Pökelzunge, Gänseleber, Speck, Entenbrust gefüllt. Dann wird sie gerollt, in eine Serviette gebunden und im aufgegossenen Entenfond gargezogen. Schließlich bei leichtem Druck gekühlt und dann mit Aspik überglänzt. Köche sparen sich heute viel Arbeit, wenn sie die Galantinen in vorbereiteten Formen und nicht in entbeinten Enten oder Hühnern bereiten.

Gärtnerin-Art oder *à la jardinière* ist ähnlich wie die Frühlingsart eine Garnitur mit jungen Gemüsen, die zart schmecken und farbenfroh ausschauen sollen.

Garnelen sind dasselbe wie Krevetten, Krabben oder Shrimps, kleine Seekrebse, von denen man nur die Schwänze verwendet.

Garnitur, von der hier immer die Rede ist, bezeichnet die Art und Zutaten, mit der bestimmte Gerichte aufgetragen werden.

Gazpacho, durch die vielen Spanienreisenden auch bei uns bekanntgewordene andalusische Kaltschale. Sie wird aus Tomaten, Zwiebeln, Knoblauch, Öl, Gurken, Pfefferschoten und gerösteten Brotwürfeln bereitet und eiskalt serviert.

St. Germain ist eine Garnitur von kleinen gelben Rüben, Sauce Bearnaise und Erbsenbrei zu Fleischgerichten.

Gigot ist die Keule, also *Gigot d'agneau* (Lammkeule) oder die Keule vom Hammel und vom Rentier, das eine besondere schwedische oder norwegische Delikatesse ist.

Gnocchi sind italienische Nocken aus Brandteig, mit Parmesan vermischt und in Salzwasser gekocht, beliebte Beilage zu Fleisch und Gemüse.

Gratinieren heißt überbacken bei starker Oberhitze. *Au gratin* steht auf der Speisekarte, wenn Gerichte mit Saucen, Eischnee oder mit Käse bedeckt und durch Oberhitze schön gelbbraun sind.

Gräfin-Art oder *à la comtesse:* Bei dieser Zubereitung wird das Fleisch mit Trüffeln gespickt und überglänzt, halbe gedünstete Salatköpfe und kleine Kalbfleischklößchen als Garnitur.

Großmutter-Art, das muß schöne Hausmannskost sein. *A la grand mère* sind in Frankreich ganze Kochbücher geschrieben worden. Der gebratene Fisch wird danach mit kleinen in Butter gebratenen Zwiebeln und olivengroßen Kartoffeln, mit brauner Butter, Zitronensaft und gehackter Petersilie serviert.

Gulyas, Gollasch oder *Gulasch,* das ist ein und dasselbe, aber es schmeckt nicht immer gleich. Nach dem ungarischen Originalrezept werden Rindfleischwürfel in Schweinefett mit sehr viel gehackten Zwiebeln angebraten, mit Mehl bestäubt, mit Wasser aufgefüllt, mit Paprika gewürzt und fertig gedünstet.

H

Haifischflossensuppe, eine chinesische Spezialität, die dank der Konservenindustrie und der unzähligen chinesischen Restaurants auch bei uns bekannt geworden ist. Sie wird bereitet aus einer Haifischflosse (Dose), Extrakt von Schinken und Geflügel, exotischen Gewürzen, Pilzen, Wein und einem Schuß Sherry. Manchmal wird sie auch noch mit Krebsen und Krabben verfeinert.

Haschée, auch *Haché* oder *Hachis* genannt, das ist eigentlich Resteverwertung, wie sie jede Hausfrau kennt, denn dafür wird gekochtes oder gebratenes Fleisch klein geschnitten, gehackt oder durchgedreht, mit würzigen Zutaten und Saucen zusammengekocht. Daß solches Zusammengekochtes auch erstklassig sein kann, zeigt zum Beispiel das *Haschée St. Hubert:* Gehacktes Wildfleisch wird dafür in Salmisauce gekocht, belegt mit verlorenem Ei, umlegt mit Röstbrot, das mit Wildmus gefüllt ist.

Hausfrauen-Art oder *à la ménagère* ist eine Zubereitungsart, die häufig angewendet wird. Bei Fisch heißt das mit Rotwein und Wurzelwerk sieden, den eingekochten Sud durchseihen, mit Mehlbutter binden und mit Butter aufschlagen, dann über den Fisch. Beim Fleisch: Gebrochene Prinzeßbohnen, kleine Zwiebel, Scheiben von jungen gelben Rüben und grüne Erbsen in Butter dünsten und mit dem Fleisch in irdener Kasserolle servieren.

Haushofmeisterbutter oder *Beurre Mâitre d'Hotel* gehört zu Grilladen aller Art. Die Butter wird mit Zitronensaft, Salz und Pfeffer gewürzt und mit gehackter Petersilie vermengt.

Hechtklößchen oder *Quenelles de Brochet* werden aus rohem, fein durchgetriebenen Hechtfleisch, Rindernierenfett, Eiern, Mehl, Milch und Butter hergestellt.

Herzogin-Art oder *à la duchesse,* dann muß der Fisch mit Krebsklößchen, gebackenen Austern, Kartoffelkugeln sowie mit einer Austernsauce und Hummerbutter daherkommen. Beim Fleisch heißt *à la duchesse* Herzoginkartoffeln (siehe diese) und Madeirasauce als Beilage.

Herzoginkartoffeln oder *Pommes duchesse* dienen hauptsächlich als Garnitur und schmecken gut, wie es in der hohen Küchenkunst sein soll. Garnituren nur zum Anschauen taugen nichts. Für die Herzoginkartoffeln wird Kartoffelpürree mit Butter am Ofen getrocknet, mit Eigelb vermischt. Von der Masse formt man kleine Brötchen und bäckt sie auf dem Blech goldbraun. Aus dem Spritzsack mit der Sterntülle werden Herzoginkartoffeln, die dann mit Milch ein wenig geschmeidig gemacht wurden, als Bordüren, Rosetten und Spritzkrapfen auf die Fleischplatten gesetzt.

Hochepot, das ist eine simple Ochsenschwanzsuppe auf schottische Art, gewürzt mit Cayennepfeffer, verfeinert mit Madeira, mit Pökelfleisch, gelben Rübchen und weißen Rübchen als Einlage.

Holländische Sauce oder *Sauce Hollandaise* ist eine der am meisten gebrauchten Saucen. Essig und Wein und Salz und Pfeffer werden dafür eingekocht, mit Eidottern im Wasserbad aufgeschlagen, mit flüssiger Butter aufgezogen und schließlich mit Zitronensaft gewürzt. Zu Artischocken, Spargel eine Pflichtbeigabe beinahe.

Hongrois: Kommt ein Gericht auf solche Art auf den Tisch, dann ist es immer kräftig mit Paprika gewürzt, denn das ist *ungarische Art.*

Horsd'œuvre, das sind die kleinen Vorspeisen, die nicht sättigen sollen, sondern nur den Appetit anregen für die Dinge, die da noch kommen. Von A bis Z, von Artischockenböden auf vielerlei Art bis zu Zakouski, den russischen Appetitschüsselchen, reicht die Skala. Kalte Vorspeisen werden in der klassischen Menüfolge vor der Suppe, warme danach gereicht.

Hummer ist der köstlichste der großen Seekrebse. Er lebt auf dem Meeresgrund vor der amerikanischen, englischen und norwegischen Küste und sogar vor Helgoland. Doch er ist leider nicht so zahlreich wie der Hering. Frischer Hummer, das ist eine teure Delikatesse. Aber sogar mancher, der sich's leisten könnte, traut sich nicht daran, aus Angst vor der »schwierigen« Eßprozedur. Doch das ist kinderleicht. Hummer werden in guten Restaurants oft schon in der Küche zerlegt. Schöner aber ist es, wenn der Oberkellner ihn ganz aufträgt und als Augenweide vor dem Gast herrichtet. Der Panzer leuchtet feuerrot, denn die Köche haben ihn mit ein paar Tropfen Öl auf Hochglanz gebracht. Zuerst werden nun die Scheren abgetrennt, die kleineren herausgedreht, die größeren seitlich aufgeschnitten, stärkere Scherenglieder mit Hummerzange oder Nußknacker zerbrochen. Dann wird das Fleisch der Scheren, das am allerfeinsten schmeckt, mit einer kleinen Gabel herausgeholt. (Hummergabeln haben kleine Widerhaken und sind am anderen Ende löffelartig.) Der Körper des Hummers wird der Länge nach durchgeschnitten, der Kellner entfernt die kleinen winzigen grauen oder schwarzen Eingeweide. Auch aus dem Körper wird das Fleisch mit der Gabel und dem Löffelchen geholt. Zum *Hummer naturell,* der im Salzwasser mit feinen Kräutern, Dill und Kümmel und Zitrone gekocht wird (lebend mit dem Kopf voraus in siedendes Wasser, was ihn augenblicklich tötet) reicht man pikante Saucen. In Deutschland und einigen anderen Ländern ist es verboten, Hummer lebend zu zerteilen, was für verschiedene andere Gerichte früher gemacht wurde. – Die Köche haben für den Hummer zahlreiche Zubereitungsarten gefunden vom *Hummer Alexandra* (kalt mit Salatherzen, Eiern, Trüffeln und Zitronenvierteln) bis zum *Hummer Xavier* (Hummerkörper, gefüllt mit Hummerragout, Tafelpilzen und Krebssauce, in der Röhre überbakken).

I

Indische Art oder *à l'indienne,* das ist immer ein Fisch- oder Geflügelgericht, denn an anderem Fleisch fanden die Inder (sofern sie nicht überhaupt Vegetarier sind), wenig Geschmack. Indische Art heißt, daß Beilage körniger Reis mit indischer Sauce ist. Indische Sauce ist eine deutsche Sauce mit Curry, oder das sind Zwiebeln, Bratäpfel mit Wein und Geflügelessenz eingekocht, durchpassiert und mit Curry und Paprika gewürzt. Curry ist auf indische Art immer dabei.

Iman Bayildi heißt ein türkisches Gemüsegericht aus Tomaten, Auberginen, Zwiebeln, Öl, Knoblauch und Gewürzen. In der internationalen Küche ist dies als Garnitur für Fleisch und Geflügel gebräuchlich.

Irish Stew, das ist der bekannte Eintopf aus Irland mit Hammelfleisch von der Schulter, Kartoffeln, Zwiebeln, Brühe und Gewürzen. Natürlich haben die Köche für diese Hausmannskost viel neue Variationen gefunden. Das bei den deutschen Hausfrauen beliebte Weißkraut gibt es im Originalrezept nicht.

Italienische Art oder *à l'italienne,* das ist bei Fischgerichten eine italienische Sauce aus weißer Grundsauce, Tomaten, Schinken, Kräutern und Röstgemüsen, bei Fleischgerichten sind es Makkaronikrusteln, gedünstete Artischockenböden in Vierteln und wieder die italienische Sauce.

Indian ist ein anderer, heute wenig gebräuchlicher Name für den Truthahn.

J

Jambon ist ganz einfach der Schinken. Natürlich kennt die große Küche dafür wiederum eine ganze Reihe von speziellen Zubereitungsarten, zum Beispiel den *Prager Schinken* im Brotteig, den *Bayonner Schinken* oder den *Schinken nach Zigeunerart.* Auch Schinkenschaum oder *Mousse de Jambon* steht auf der internationalen Speisekarte.

Jägerart oder *à la Chasseur.* So heißt ein Gericht mit Jägersauce, wofür der Bratensatz mit Weißwein abgelöscht, mit Kraftsauce, frischer Butter, Zwiebelchen, Pilzen und Kräutern aufgekocht wird.

Jockey Club: Ihm gehörten im alten Frankreich in Paris die Reichsten der Reichen an. So ist eine Garnitur Jockey Club natürlich etwas Exquisites. Das Fleisch wird dabei mit Krebsklößchen, Pilzmus, Trüffelscheiben und Kraftsauce mit Marsala aufgetragen.

Julienne, das sind alle Gerichte, die mit feinen Streifen geschnittenen Gemüses garniert sind. Julienne schneiden, bedeutet in der Küche ganz allgemein auch bei Fleisch in Streifen schneiden.

K

Käsesauce, siehe Mornay-Sauce.

Kaiserliche Art oder *à l'imperiale:* Wenn ein Koch seinem Gericht einen solchen Namen gibt, dann darf man mit Recht das Höchste erwarten. Kaiserliche Art ist beim gekochten Fisch eine grüne Kräutersauce mit Streifen von Trüffeln, Tafelpilzen und Hummerfleisch. Beim Fleisch: Trüffelwürfel, Kalbsmilch, Hahnennieren, Champignons und Madeirasauce.

Kaiserschmarrn nimmt unter den Mehlspeisen, wie der Österreicher die süßen Naschereien nennt, eine imperiale Stellung ein. So wird er gemacht: Butter, Zucker, Ei und Prise Salz mit Mehl und Milch glattgerührt, Rosinen dazu und Eierschnee druntergehoben. Dann wie Pfannenkuchen gebacken und schließlich mit einer Gabel und dem Scharrer in kleine Stücke reißen. Zucker drüber und Kompott dazu. Angeblich soll dieser herrliche Schmarrn für Kaiser Franz Joseph erfunden worden sein. Und das klingt auch schön. Andere aber sagen, daß der »Kaiser« im Schmarrn bloß eine Abwandlung von »Kaser (Alm)« ist. Auf der Alm wird nämlich seit ewiger Zeit ein Kaserschmarrn bereitet, wenn auch nicht ganz so kaiserlich. Die Österreicher haben eine Vorliebe, alles nett und herzig zu benennen. Kaiser klingt halt besser als Kaser, drum heißt das Kaisergebirge so, obwohl es früher nachweislich Kasergebirge genannt wurde.

Kaldaunen, Kutteln, Kuttelfleck, Löser, Gekröse genannt, in Frankreich Tripes, waren früher ein echtes Arme-Leute-Essen. Und auch heutzutage geben die meisten Menschen diese Eingeweide nicht einmal ihrem Hund. Zu Unrecht! Der Schriftsteller und Feinschmecker Walther Kiaulehn hat seinen Freund, den berühmten Koch Alfred Walterspiel in seinem Restaurant im Münchner »Vier Jahreszeiten« immer dann hervorgelockt, wenn er beim Kellner Tripes bestellte. In dem Luxusrestaurant gibt's alles, was das Herz begehrt, aber wenn einer Tripes bestellt, das muß ein ganz ausgefuchster Gourmet sein. Da kam Walterspiel dann herbei, lugte um die Ecke, um den Gast zu sehen. Kiaulehn bekam schließlich seine Kasserolle *Tripes à la mode de caen* auf den Tisch, die wahrlich ein duftendes Gedicht waren. Die Zubereitung der Kaldaunen zu Hause ist nicht einfach, denn sie müssen viele Stunden vorgekocht werden, ehe sie in einer feinen Sauce mit Kognak und Kräutern gargemacht werden. Die internationale Küche kennt viele Kuttelrezepte von der andalusischen Art bis zur Züricher.

Kapaun oder *Kapphahn* ist ein kastrierter Hahn, der sich besser mästen läßt. Wird in der Küche behandelt wie die Poularde.

Karde, Kardone oder *Kardy* (französisch Cardons) ist eine Gemüseart, die man ähnlich wie Staudensellerie verwenden kann.

Kardinals-Art oder *à la cardinal:* Hier wird der Fisch standesgemäß mit Trüffeln, mit Hummerscheiben und einer Kardinalsauce (Fischsud, Rahmsauce und Hummerbutter) serviert.

Karfiol wird in Süddeutschland und Österreich der Blumenkohl genannt. Man kann ihn auf vielerlei Art herrlich zubereiten. Zum Beispiel als *Chou-fleur à l'italienne:* Gekochte Röschen werden mit italienischer Sauce und geschmolzenen Tomaten vermischt, auf feuerfester Platte mit Parmesan bestreut, mit Semmelbröseln und Butter leicht überbacken.

Kastanien, Maroni oder französisch *Marrons* ißt man im Winter aus der Tüte, die man auf der Straße kauft. Aber in der Küche sind die edlen Kastanien eine beliebte Beigabe vor allem zu Wild. Sie werden vorwiegend gebacken, gedünstet und glasiert, aber auch auf andere Weise zubereitet, zum Beispiel als Kastanienmus.

Kaviar ist geradezu der Inbegriff luxuriöser Schlemmerei. Der echte kommt immer aus Rußland, auch wenn er in Persien dem gefangenen Stör entnommen wird. Kaviar ist der gesalzene Rogen des Störs aus dem Schwarzen oder dem Kaspischen Meer. Persische Fänge werden auch über Rußland in alle Welt verschickt. Die Sowjetuniuon hat praktisch noch immer das Kaviarmonopol. Was man sonst in der feinen Gastronomie nie tut, hier werden sogar Büchsen auf den Tisch gestellt. Es ist erlaubt, die Dosen mit der russischen Aufschrift (als Echtheitsgarantie sozusagen) auf Eis in eine Schüssel zu stellen. Jeder Gast sieht dann, was er kriegt. Zu Kaviar reicht man frische Butter, kleine geröstete Weißbrotscheiben, Zitronenviertel. Man nimmt ein eigenes Kaviarmesser mit stumpfer Klinge aus Horn oder Elfenbein, um beim Auftragen auf die Brötchen die kostbaren schwarzen oder roten Körner nicht zu verletzen.

Kebab oder *Kebabes* sind türkische Spießchen, ähnlich den Schaschlikspießen, aber immer mit Hammel-, Kalb- und Hühnerfleisch. Dazwischen stecken Zwiebelscheiben; gewürzt ist Kebab mit Salz, Pfeffer und Safran.

King Henrys Shoestrings oder *König Heinrichs Schuhbandl:* Sollte Ihnen dieses Gericht einmal auf einer Karte begegnen, keine Angst, da kommt nichts Ledernes. Die Schuhbandl sind süße gezuckerte Gebäck-Streifen, deren Teig mit Orangenblütenwasser parfümiert ist.

Knurrhahn ist kein seltenes Geflügel. Er heißt auch Seehahn, französisch *Grondin,* ist ein beliebter Seefisch und wird wie Rotbarben zu vielen Gerichten verarbeitet.

Königin-Art oder *à la reine,* das steht häufig sogar auf ganz einfachen Wirtshaus-Speisekarten. Daß es nicht immer die richtige Königin-Art ist, der Verdacht liegt nahe. Bei der klassischen *à la reine* wird das Geflügel weiß gedünstet, mit kleinen Bechern voll Hühnermus umlegt und mit Trüffelscheiben garniert. Dazu gibt es eine Hühnerrahmsauce. Berühmt sind auch die Königinpastetchen im Blätterteig, die ebenfalls aus gut gewürztem Hühnerragout bestehen.

Kräuterbutter schmeckt zu Grilladen aller Art. Butter wird schaumig gerührt und mit feingehackter Kresse, Petersilie, Kerbel vermischt, mit Salz, Pfeffer und Zitronensaft gewürzt.

Kräutersaucen gibt es gleich drei klassische: die braune *Sauce aux fines herbes.* Dafür wird ein Auszug von gehacktem Kerbel, Estragon, Petersilie, Schnittlauch, Schalotten in Weißwein mit Kraftsauce oder gebundenem Kalbssaft verkocht, gewürzt mit Zitronensaft, Salz und Pfeffer. Bei der weißen *Sauce aux fines herbes* läßt man den Kalbssaft oder die Kraftsauce weg. Sie ist vorzüglich zu Fisch. Bei der kalten *Kräutersauce* oder *Sauce à la Ravigote* werden gutes Öl, Essig, Salz, Pfeffer mit gehackter Petersilie, Estragon, Kerbel, Schnittlauch, Zwiebeln und Kapern verrührt.

Kraftsauce, das ist eine braune Grundsauce (auch Espagnole) mit Kalbsfond und Madeira aufgegossen.

Krammetsvögel oder *Wacholderdrosseln,* französisch *Grives,* ein ganz seltenes Gericht, denn bei uns dürfen Singvögel ja nicht gefangen werden. Aber es gibt eine ganze Reihe feiner Rezepte für die Zubereitung der Krammetsvögel, denn sie haben früher zur festlichen Tafel gehört.

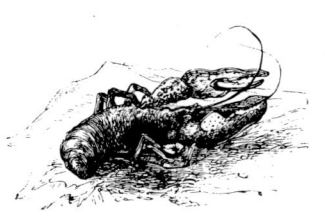

Krebse, französisch *Ecrevisses*, heutzutage ein seltener Leckerbissen, früher fast ein Alltagsgericht, denn die Bäche und Flüße waren reich besetzt mit diesen schmackhaften Krustentieren. Die Umweltverschmutzung vor allem hat Schuld daran, daß die Krebse in unseren heimischen Gewässern stark dezimiert wurden. Hier die einfachsten, aber nicht die schlechtesten Krebs-Rezepte: Krebse lebend ins kochende Wasser werfen, das mit Kümmel, Dillkraut und Salz und Pfeffer gewürzt ist (sind sofort tot). Wasser abgießen, Butter über die Krebse und am Herdrand trocknen. 2. Art, im Weißwein mit Kümmel usw. garkochen und mit der Brühe auftragen.

Kren, das ist die süddeutsche und österreichische Bezeichnung für Meerrettich, *Krenfleisch* eine österreichische Spezialität. Gekochtes Schweinefleisch vom Bauch oder von der Schulter wird in Scheiben geschnitten und die Schnitten mit geriebenem Meerrettich übergossen und mit ein wenig Brühe serviert. Auch zu gesottenem Ochsenfleisch gibt man Kren oder Krensauce.

Kronfleisch, das sind dicke saftige Ochsenbrustschnitten, im tiefen Holzteller angerichtet, mit grobem Salz, gehacktem Schnittlauch und ein wenig Brühe.

Kücken, Stubenkücken, französisch *Poussins;* werden auf vielerlei Weise bereitet, zum Beispiel auf Hamburger Art: Die Kücken werden dabei mit Füllsel ausgestopft, in der Kasserolle gebraten, mit Kartoffelwürfeln, Trüffeln und geschnittenen Artischockenböden serviert.

Kukuruz sind Maiskolben. Sie werden in Salzwasser mit einer Prise Zucker gekocht, abgetropft und mit Butter serviert. Auch als Beilage gebräuchlich.

L

Laberdan, französisch *Morue salée*, ist gepökelter Kabeljau, der gewässert werden muß, ehe er auf manche schmackhafte Art zubereitet wird.

Lamb Chops sind doppelt dick geschnittene Rippen vom Lamm, am Rost gebraten und mit Beilagen serviert.

Lampreten sind Neunaugen, fette Meerfische, die wie Aal zubereitet werden.

Langusten gehören zu den größeren Seekrebsen. Sie haben keine Scheren, dafür zwei lange starke Fühler. Ihr Panzer ist mit Stacheln besetzt. Frische Langusten werden wie frischer Hummer zubereitet.

Lasagne ist ein beliebtes italienisches Vorgericht. Nudelflecken werden mit Lagen von Rindfleisch bedeckt, diverse Saucen drüber, mit Rahm und Käse im Rohr überbacken und gleich im irdenen Geschirr servieren.

Lieblings-Art, à la favorite: Da wird der gekochte Fisch mit Rahmsauce übergossen, Sträußchen von Spargel und Trüffel kommen dazu, umlegt wird das ganze mit Halbmonden von Blätterteig. Beim Fleisch besteht diese Garnitur aus Gänseleberschnitten mit Trüffelscheiben und mit Spargelspitzen.

Lothringer Art oder *à la lorraine.* Bei dieser Beilage haben die Lothringer gewiß ins deutsche Nachbarland geschaut. Zum Fleisch gibt es gedünstetes Blaukraut, Kartoffelklöße und Sauerkraut.

Lucullus, der römische Feldherr, dessen Name zum Inbegriff der Feinschmeckerei und Schwelgerei wurde, steht hinter vielen reichen Gerichten. Die klassische Zubereitungsart *à la Lucullus* ist beim Fleisch: Trüffeln in Madeira gekocht, ausgehöhlt und mit gebutterten Hahnnieren gefüllt, Klößchen aus Geflügelfleisch mit Trüffelmus vermischt, Hahnenkämme und Trüffelsauce. Oh, ihr Götter, man müßte Lucullus sein, um sich das leisten zu können!

M

Macédoine de fruits: So wird Fruchtsalat auch genannt. Ein besonderes Rezept für Macédoine de fruits: Die kleinen Früchte bleiben ganz, die größeren werden gewürfelt. Alles in einer Schüssel mit Vanillesirup übergießen, mit Kirschwasser oder Likör parfümieren. Macédoine allein bezeichnet auf Speisekarten oft auch Mischgemüse.

Madeirasauce paßt zu vielen Fleisch- und Geflügelgerichten. Sie wird aus brauner Grundsauce mit Kalbsfond hergestellt und mit Madeirawein gut gewürzt. (Heißt auch Kraftsauce.)

Maître d'Hôtel ist eigentlich keine klassische Garnitur, aber man versteht darunter oft Gerichte, die mit Kräuterbutter serviert werden. Auch die Spezialität des Kochs kommt häufig unter dieser Bezeichnung auf die Speisekarte.

Mango, die Frucht der Mangifera, stammt aus Südasien, wird aber heute in vielen tropischen Ländern angebaut. Indienreisende wissen, wie herrlich frische Mango schmecken. Wir kennen sie durch Marmelade und in der Küche hauptsächlich durch Mango-Chutneys, die zu vielen asiatischen Gerichten und vor allem den Currys gereicht werden. Bei uns fast überall im Glas zu haben.

Marengo-Art ist eine beliebte Zubereitung für Kalbfleisch und Huhn, die dabei eine Sauce aus Weißwein, Tomaten und Champignons erhalten. Am bekanntesten das Huhn Marengo.

Marschalls-Art oder *à la maréchale.* Da werden Filetschnitten in Butter und gehackten Trüffeln gewälzt, paniert und gebraten. Oder andere Fleischgerichte werden mit Ei und Bröseln paniert, gebraten und mit Trüffelscheiben und grünen Spargelspitzen garniert.

Mayonnaise, ohne sie hätten wir vielleicht weniger Gewichtsprobleme, aber bestimmt auch weniger Eßvergnügen. Die kalte Sauce, die angeblich im 18. Jahrhundert bei der Belagerung von Mahon auf Menorca erfunden wurde, weil der Koch nichts anderes als Ei und Öl zur Verfügung hatte, ist Grundsauce vieler anderer Saucen und Dressings. Ein Rezept erübrigt sich, man bekommt sie fertig in bester Qualität.

Medaillons sind kleine Fleischscheiben vom Rind und Kalb, vorwiegend aus dem Filet geschnitten und auf dem Rost oder der Pfanne gebraten und mit vielerlei Beigaben angerichtet.

Melba: Die australische Sängerin Nelly Melba gab einem der köstlichsten süßen Desserts den Namen. Der große Koch Escoffier erfand für sie den Pfirsich Melba: Ein halber Pfirsich wird in Sirup pochiert, erkaltet auf Vanilleeis angerichtet, mit

Himbeerpüree überzogen und mit Schlagrahm verziert. Es gibt aber auch eine klassische Garnitur Melba bei Fleischgerichten: Sie besteht aus gefüllten Tomaten, gedünsteten Salatkugeln, Tafelpilzen, Trüffeln und einer Kraftsauce mit Portwein.

Metternich-Schnitten, benannt nach dem Staatskanzler, der nicht nur im damaligen Europa, sondern auch in der Küche den Ton angab, sind Mandelschnitten mit Vanillecreme. Außer dieser süßen Leckerei tragen auch einige deftige Fleischgerichte den Namen Metternich.

Milanaise, ein Kalbfleischgericht, wird mit Schinkenscheiben garniert und mit Spaghetti und Tomatensauce angerichtet.

Minestrone kommt in Italien häufig vor dem Hauptgericht auf den Tisch, es ist die reiche Gemüsesuppe, die längst in die internationale Küche Eingang gefunden hat.

Mockturtle-Suppe, das ist die falsche, aber keineswegs schlecht schmeckende Schildkrötensuppe.

Mornay-Sauce ist eine stark eingekochte Béchamel, die mit frischer Butter und geriebenem Käse (Parmesan) angereichert wird. Mit ihr werden verschiedene Gerichte überzogen und im Ofen gratiniert. (Heißt auch Käsesauce.)

Mousse ist Schaumbrot (hat mit Brot nichts zu tun) aus Schinken, Fleisch, Geflügel und Fisch, mit Ei und Rahm duftig aufgezogen.

Mousseline-Sauce ist eine *Hollandaise*, die mit Schlagrahm verfeinert wurde und ganz schaumig leicht ist.

Müllerin-Art oder *à la Meunière*, das sind Fische, die in Mehl gewälzt und in Butter gebraten werden. Vor dem Auftragen gibt man noch braune Butter und frisch gehackte Kräuter darüber.

N

Napoleonschnitten sind gewürzte Lendenschnitten, zwischen zwei gleichgroße Kartoffelscheiben gelegt und mit saurem Rahm gedünstet. Dem großen Korsen trauten die Köche nur verhältnismäßig einfache Kost zu, denn die *Bonapartesuppe* beispielsweise, das ist auch nur Hühnerbrühe mit Hühnerklößen und weißer Rahmsauce.

Navarinsuppe wird als Kraftbrühe oder als Rahmsuppe mit Krebsschwänzen, Mus von grünen Erbsen und gehacktem Petersilie aufgetischt.

Neapler Art oder *à la napolitaine* heißt, daß bei Fisch und Fleisch Spaghetti, Tomaten und Käse als Beilage vorgesehen sind.

Nesselrode: Auf diese Art wird der Fisch entgrätet, mit Hummer- und Hechtmus gefüllt, mit Speckscheiben umwickelt, in Teig gehüllt und gebacken. Dazu gibt's Hummersauce mit entbarteten Austern. Beim Fleisch ist die Nesselroder Garnitur überglänzte Kastanien, Tafelpilze, Trüffeln und Madeirasauce.

Nesselroder Sauce ist eine exquisite Weinsauce aus Eidottern, Madeira, Zucker und Schlagrahm. Eine köstliche Nachspeise!

Nesselroder Suppe ist eine durchpassierte Schnepfensuppe mit Kastanienmus und gebackenen Brotwürfeln.

Nizza-Art oder *à la niçoise* heißt, daß der gebratene Fisch mit geschmolzenen Tomaten mit Knoblauch und gehacktem Estragon, mit Sardellenfilets, schwarzen Oliven, Kapern, Sardellenbutter und entkernten und entrindeten Zitronenscheiben aufgetragen wird. Beim Fleisch heißt Nizza-Art grüne Bohnen, Schloßkartoffeln und mit Estragon und Knoblauch gedünstete Tomaten als Beilage.

Nizza-Salat oder *Salade niçoise* besteht aus Kartoffeln, grünen Bohnen, Tomaten, Oliven, Kapern und Sardellenfilets oder auch Thunfischen. Eine Variation ist, daß alle Zutaten außer mit Kartoffeln mit grünem Salat vermischt werden.

Noisettes stehen oft auf Speisekarten, es sind ganz einfach Nüßchen, und zwar Noisettes d'agneau (Lammnüßchen), Noisettes de chevreuil (Rehnüßchen), Noisettes de Mouton (Hammelnüßchen).

Noix de veau, das ist ein stärkeres Stück, nämlich die Kalbsnuß.

Normannische Sauce ist eine Fischsamtsauce aus Fischsud, Champignonsud und Austernwasser, mit Eidottern und Rahm gebunden, Zitronensaft gewürzt und gebuttert.

O

Obers oder *Oberschaum,* das ist bloß ein anderer Ausdruck für Schlagrahm oder Schlagsahne. Aber gleich beim Grenzübertritt nach Österreich, schon in Salzburg, muß man sich daran gewöhnen, die Mehlspeisen und den Kaffee mit Obers beim Ober zu bestellen.

Ochsengaumen sind eine Delikatesse. Französisch *palais de bœuf,* werden gekocht, in Vierecke geschnitten. Das ist das Grundrezept, aber dann werden sie auf viele Arten mit vielen pikanten Saucen gargemacht.

Oignons sind Zwiebeln, also wird bei einem Gericht *à l'oignon* die vielhäutige Küchenzutat eine große Rolle spielen. Ganz besonders natürlich bei der *Soupe à l'oignon,* der köstlichen französischen Zwiebelsuppe.

Okra, Gombos oder *Eibisch* ist ein Gemüse, das auf vielfache Art in der Küche verwendet wird.

Omelette, ein Zauberwort, und nicht alles, was Omelette heißt, ist auch eine. Um dieses Schaumgebilde aus Ei herzustellen, muß ein Koch schon ein Künstler sein. Für die Omelettes, die sauren und die süßen, gibt es unzählige berühmte Rezepte.

Osso buco, das ist eine Kalbshaxe auf italienische Art. Sie wird mit vielem Wurzelwerk, Kräutern und einer Sardelle im geschlossenen Topf gedünstet und schmeckt bestimmt nicht schlechter als die berühmte bayerische Kalbshaxe.

Otéro, sie war im Paris des fin de siecle das, was man heute eine Sexbombe nennen würde, eine Tänzerin, die für damalige Begriffe geradezu unanständig viel herzeigte, nämlich ihre ganzen Beine bis zum kurzen Trikot. Ganz Paris träumte von der schönen Otéro und natürlich auch die Köche über ihren Töpfen und Platten. So entstanden die Otéro-Eier. Sie werden angerichtet in gebratenen, ausgehöhlten Pellkartoffeln auf einer Unterlage von geschnittenen Crevetten, Tafelpilzen und Trüffeln und dann mit einer pikanten Sauce übergossen. *Fisch Otéro,* das sind Schnitten oder Röllchen in ausgehöhlten gebackenen Kartoffeln, halb gefüllt mit in Weißweinsauce bereiteten Crevetten, mit Käsesauce aufgefüllt und schließlich im Ofen gratiniert.

Oxtail oder *Ochsenschwanz,* französisch *Queu de bœuf,* das gibt viele pikante Gerichte, am bekanntesten ist die Ochsenschwanzsuppe, die der allerdings nicht kennt, der sie sich nur aus dem Päckchen zubereitet hat.

P

Pächterin-Art oder *à la fermière,* das ist eine weitverbreitete Zubereitungsart. Fisch wird danach auf gedünsteten Scheiben von Zwiebeln, gelben Rüben, weißen Rüben und Sellerie, frischen grünen Erbsen und grünen Bohnen in Würfeln angerichtet. Der Sud wird eingekocht und gebuttert. Fleisch wird à la fermière ebenfalls mit Scheiben von gelben Rüben, weißen Rüben, Zwiebeln und Knollensellerie angerichtet. Außerdem kommen gebratene Speckwürfel und olivenförmige, gebratene Kartoffeln dazu.

Paella, das ist die berühmte spanische Reispfanne, die je nachdem reicher oder einfacher bereitet wird. Dazu gehören Safran, Erbsen, rote und grüne Paprikaschoten, Hühnerfleisch, Crevetten und Muscheln.

Palatschinken sind Pfannkuchen, Eierkuchen. Der in Österreich gebräuchliche Ausdruck ist wie vieles dort ein Überbleibsel aus der großen k. u. k. Zeit, denn das ist ungarisch. Palatschinken werden vorwiegend mit allerhand süßen Sachen, Konfitüren, Nüssen, Früchten usw. gefüllt.

Pannequets heißt auch nichts anderes als Pfannkuchen.

Papilotte heißt eigentlich kleiner Schmetterling, aber wenn auf der Speisekarte etwas *en papilotte* steht, dann ist es in der Papierhülle gedünstet oder gebacken. Das gefettete Pergamentpapier hat dafür zu sorgen, daß das Stück schön saftig im eigenen Saft schmort. Heute nehmen Köche und Hausfrauen dafür die Folien.

Paradeis ist der österreichische Ausdruck für Tomaten.

Parmentier, diese Garnitur, das sind einfach in Butter gebratene Kartoffelwürfel mit Petersilie. Wenn ein Gericht nach Art von Parmentier daherkommt, dann sind immer Kartoffeln dabei. Denn Antoine August Parmentier hat den Franzosen das Kartoffelessen beigebracht. In Deutschland lernte er zum Ausgang des 18. Jahrhunderts die Erdäpfel kennen und schätzen. Dann empfahl er seinen Landsleuten den verstärkten Anbau der Frucht.

Parfait ist eine Pastetenart, zum Beispiel *Gänseleber-Parfait* oder *Hummer-Parfait.*

Piccata sind kleine Kalbsschnitzel auf italienische Art. Bei *Piccata alla milanese* zum Beispiel, werden die pikant gebratenen Schnitzel auf einem Berg Spaghetti angerichtet.

Pörkölt ist eine andere Art von Gulasch, das aber nicht nur aus Rindfleisch, sondern zum Beispiel auch aus Hühnermägen und Hühnerlebern bereitet wird.

Pie ist eine Schüsselpastete, das englische Wort ist in die internationale Küchensprache eingegangen. *Apple-Pie* ist allerdings ein saftiger Apfelkuchen aus den USA.

Pilaw, auch *Pilaff,* ist ein orientalisches Reisgericht, das im Originalrezept mit scharfgewürztem Hammel und Safran bereitet wird. In der internationalen Küche kommt der Pilaw oft auch mit Fleisch vom Schwein oder Rind, mit Zwiebeln und Tomaten auf den Tisch.

Piroggen oder auch *Piroschke* genannt, sind russische Ravioli, Hefeteigvierecke mit einer Fülle aus Fleisch, Fisch oder Gemüse usw. gefüllt. Wenn sie aufgegangen sind, werden sie gebacken.

Polenta, das ist ein italienischer Maisgrießbrei, ursprünglich ein Armeleute-Essen, aber kommt heute manchmal auf den Tisch feiner Restaurants.

Pommes: Pommes d'amour sind Tomaten, *Pommes de terre* sind Kartoffeln und *Pommes Anna* sind gestürzte Kartoffeln. Dafür werden rohe Kartoffelscheiben in mehreren Lagen mit viel Butter in der Röhre gebacken und auf die Platte gestürzt. Das ist ähnlich wie die *Schweizer Rösti.* Natürlich gibt es noch unzählige Arten von Kartoffelgerichten, von den *Pommes Alphonse* bis *Pommes Yvette.*

Pompadour, die Marquise und Geliebte von Ludwig XV., hatte für gutes Essen viel übrig. Damals, vor der Revolution, fragten die oberen Stände noch, warum das niedere Volk denn keinen Kuchen ißt, wenn es kein Brot hat. Der Küchenluxus der Reichen erklomm die höchsten Höhen. Fisch à la Pompadour wird mit flüssiger Butter und Bröseln paniert und gebraten, belegt mit glasierten Trüffelscheiben, garniert mit kleinen Nußkartoffeln und einer Bearner Sauce mit Tomaten. Beim Braten Pompadour werden Artischockenböden mit Linsenmus und Trüffelscheibe, Kartoffelkrusteln und eine Trüffelsauce beigegeben.

Porterhouse Steak, das ist das mächtigste Steak (siehe diese).

Poularde ist ein Masthuhn mit weißem, aber festem und doch zartem Fleisch. Die große Küche kennt Hunderte von Poularden-Rezepten.

Preßente, siehe Rouener Blutente.

Provencale, das ist beim Fleischgericht eine Garnitur aus provenzalisch gewürzten Tomaten, gefüllten Champignons und einer provenzalischen Sauce.

Q

Quenelles sind Klöße, die als Beiträge landsmannschaftlicher Küchen in der großen Gastronomie manchmal verwendet werden. Oder es sind solche Leckerbissen wie *Quenelles de Brochet, Hechtklößchen.*

33

Quiche à la Lorraine, das ist die Lothringer Schinkentorte. In der Tortenform wird ungesüßter Mürbteig ausgelegt, mit gehacktem Schinken gefüllt und mit einer Creme aus Eiern, süßem Rahm, Muskat, Salz, Pfeffer und einer Prise Zucker übergossen, in der Röhre gebacken und heiß serviert.

Quiche aux Oignons. Derselbe Teig wie vorher mit Zwiebelscheiben, Eiern, Milch und Butter übergossen und gebacken. Wird lauwarm serviert.

Quirinal nennt man bei Fischgerichten eine Garnitur aus Tafelpilzen und Krebsfleisch in Rotweinsauce, bei Fleischgerichten Champignons, die mit Ochsenmark gefüllt sind, dazu Strohkartoffeln, Brunnenkresse und eine italienische Sauce mit gehacktem Estragon. *Quirinal-Eier* sind verlorene Eier auf Hummer-Schaumbrot mit Trüffeln und Aspik.

R

Radetzkykipferln und *Radetzkyschnitten* sind süße gebackene Schmankerl mit Nuß und Schokolade und mit Kastanienmus und Rum. Nicht so bekannt wie der nach dem Feldherrn benannte Marsch, aber in Österreich, wo sie zu Hause sind, immer noch sehr beliebt.

Ragout nennt man Zusammengekochtes in einer pikanten Sauce. Es gibt Fleisch-, Fisch-, Geflügel- und besonders pikante Wildragouts.

Ragout fin, ein besonders feines Ragout aus Kalbfleisch, Kalbsbries, Hühnerfleisch und Champignons in einer weißen mit Zitronensaft gewürzten Sauce. Es wird zu Füllungen verwendet, aber sehr häufig als kleines Zwischengericht in kleinen Schüsselchen oder Muschelschalen serviert.

Rarebits sind Würzbissen aus England, die berühmtesten sind die *Welsh rarebits.* Dafür wird Chesterkäse mit hellem Bier geschmolzen, mit Paprika und Worcestershiresauce gewürzt und über geröstete Weißbrotscheiben gegossen. *Rarebits à la Vanderbilt:* Geröstete Weißbrotscheiben mit Sardellenbutter bestreichen, mit gehackten Eiern belegen, dick mit Parmesan bestreuen und im Ofen überbacken.

Ravioli, das sind die kleinen Teigtäschchen aus Italien, die mit gut gewürztem Gehacktem gefüllt sind. Sie kommen in der Suppe oder häufig in einer Tomatensauce und sind bei uns auf diese Art auch in der Dose fertig zu haben.

Ravigot Sauce ist eine kalte Kräutersauce (siehe diese).

Ražnjiči, das sind jugoslawische Spießchen mit Kalb- und Schweinefleisch, Zwiebeln und Scheibchen von roten Paprikaschoten.

Rebhuhn oder französisch *Perdreau* gehört zum besten Federwild. Die einfachste Zubereitungsart: mit Speckscheiben umwickelt, gebraten und auf Röstbrot serviert. Doch für den edlen Vogel gibt es mindestens drei Dutzend verschiedene Zubereitungsarten.

Remoulade ist eine Mayonnaise, mit Sardellenbutter, Senf, gehackten Essiggurken, Kerbel, Estragon und Kapern vermischt.

Richelieu, das ist eine Kraftbrühe mit Stäbchen von gelben und weißen Rübchen, gefüllten Salatkugeln und Hühnerklößen. Auch bei Richelieu-Eiern gehören Salatköpfchen dazu. Bei der Fischgarnitur Richelieu wird der panierte, gebratene Fisch mit Haushofmeisterbutter und Trüffelscheiben garniert. Fleischgerichte, die den Namen des französischen Kardinals und Staatsmanns tragen, sind mit Kopfsalatkugeln, kleinen Schloßkartoffeln und mit Tafelpilzmus in Tomaten umgeben.

Risibisi, das ist Reis mit Erbsen, Zwiebeln, Nelken und mit Petersilie bestreut.

Risotto, das ist Reis, der mit Butter oder Öl und Zwiebeln angeschwitzt wird und dann erst aufgegossen und der im italienischen Originalrezept mit Parmesan aufgetragen wird.

Rissolen, das sind Fleischragouts verschiedener Art, die in Halbblätterteig oder in Mürbteig geschlagen werden und im Fett gebacken.

Roastbeef, delikates Rückenstück vom Rind, das auch kalt serviert wird.

Rognons flambés: Ein köstliches kleines Gericht sind diese flambierten Kalbsnieren. Sie werden in Scheiben geschnitten, in Butter gebraten, gewürzt, mit Kognak angezündet und abgelöscht, gesalzen und gepfeffert. Dann wird der Fond in der Pfanne mit Madeira gelöst, mit Rahm verfeinert, und diese Sauce kommt über die heißen Nieren.

Rossini, der berühmte Opernkomponist, war ein kenntnisreicher Feinschmecker. Er gab einer besonderen und weitverbreiteten Zubereitungsart seinen Namen. Bei *à la Rossini* sind immer Gänseleberscheiben mit Trüffeln dabei. Am bekanntesten sind die *Tournedos-Rossini,* wobei oben auf den kleinen runden Rinder-Filets, die auf geröstetem Brot angerichtet sind, eine Scheibe Gänseleber gebraten und eine Trüffelscheibe liegen. Heute wird oft Gänseleberparfait verwendet und statt der teuren Trüffeln Tafelpilze.

Rouener Blutente oder *Caneton Rouennais,* das ist eine erstickte, nicht ausgeblutete Ente, die blutig gebraten wird. Auf diesem Grundrezept basieren viele Zubereitungsarten. Hier spielt auch die Entenpresse eine Rolle, mit der die nicht stark fleischigen Stücke ausgepreßt werden. Aus dem blutigen Saft wird dann eine besondere Sauce bereitet, die über die Bruststücke gegeben wird.

Rumfordsuppe, das ist eigentlich eine nur wenig verbesserte Kartoffelsuppe mit Erbsen, Graupen und Speck. Erfunden hat sie der Amerikaner Benjamin Thompson, der vom Kurfürst Karl Theodor in Bayern zum Grafen Rumford ernannt wurde. Er hat seinem Herrn unter anderem den herrlichen Englischen Garten in München angelegt, verschiedene Erfindungen gemacht, zum Beispiel einen Ofen mit Bratrohr und eben seine Suppe. Damit sollten die Armen gespeist werden, die damals im 18. Jahrhundert als wahre Landplage bettelnd durch das Land zogen.

S

Salm ist der Lachs. Bevor der Rhein zu einem stinkenden Abwasser wurde, galt der Rheinsalm als ein herrliches Gericht. Heute kommt der Lachs vorwiegend aus Skandinavien. Frisch wird er zu vielen köstlichen Gerichten verarbeitet, geräuchert ist er eine kostbare Delikatesse.

Salmis ist Federwildragout, bei dem das Geflügel zuerst nur halb gebraten, dann zerteilt und in pikanten Saucen vollendet wird. Salmis von Rebhuhn, Schnepfen und auch vom jungen Auerhahn sind höchste Delikatessen.

Saltimbocca heißt auf italienisch wörtlich »Spring in den Mund«, und das Gericht mit diesem Namen könnt's tun. Es sind kleine Kalbsschnitzel, die mit Schinkenscheiben, Salbei und Sherry zubereitet werden.

Sambals sind die asiatischen Würzsaucen aus roten Pfefferschoten, Zwiebeln und Gewürzen, die zum Beispiel zur indonesischen Reistafel unentbehrlich sind. Gibt es fertig im Handel.

Samtsauce, siehe Veloute.

Saucissons sind Würstchen.

Savarin ist ein Kuchenteig, aus dem unter anderem die beliebten Savarinringe gebacken werden, kleine Schmankerl aus der großen französischen Patisserie, die mit Früchten, Cremes und Likören gefüllt sind.

Scampi sind die Seekrebse aus der Adria, die meist gefroren zu uns kommen. Sie werden mit Vorliebe in Teig gebacken, mit Remoulade oder Tatarensauce serviert.

Schloßkartoffeln. Dafür werden mit einem Kartoffelstecher kleine runde Kugeln aus den geschälten Kartoffeln gestochen, kurz im siedenden Wasser blanchiert, getrocknet, leicht gesalzen und im Rohr mit Fett unter öfterem Schütteln rundum goldbraun gebraten.

Schtschi ist eine russische Krautsuppe aus Rind-, Hammel- oder Rauchfleisch mit Sauerkraut. Sie wird gut mit Kräutern und Gewürzen versehen und mit saurem Rahm serviert.

Seezunge oder französisch *Sole* ist der königliche Fisch. Hunderte von Rezepten für Sole oder *Filets de Sole* stehen auf den internationalen Speisekarten.

Selle ist der Rücken. Wenn also *Selle d'agneau* auf der Karte steht, ist das Lammrücken, *Selle de chevreuil* ist Rehrücken, *Selle de veau* ist Kalbsrücken. *Selle d'ours* dürfte seltener vorkommen, denn das ist Bärenrücken.

Shrimps, das ist der englisch-amerikanische Ausdruck für Krabben, Crevetten oder Garnelen.

Sirloin, das ist ein besonderes Lendenstück vom Rind, zu dem man schon Sir sagen kann (siehe Steaks).

Smörrebröds sind eine Reise nach Dänemark wert. Die kleinen mit hunderterlei Fisch-, Fleisch-, Eier- und Gemüseschmankerl belegten Brötchen heißen so. Die Speisekarte von Oskar Davidsens Restaurant in Kopenhagen ist über einen Meter lang und vorne und hinten voll mit verschiedenen Smörrebröds.

Smörgasbord heißt das skandinavische kalte Buffet, das mit vielen pikanten Fischsalaten, geräucherten Fischen und marinierten Delikatessen ausgestattet ist. Es enthält aber auch Fleischschmankerl, Wild und Rentierschinken, pikante Eierhappen und Gemüse. Im Stockholmer Restaurant Stallmästaregarden gab es einmal ein solches Prunkbuffet. Der unvermeidliche Aquavit wurde aus einem Riesen-Silbergefäß ausgeschenkt, das wie ein überdimensionaler Samowar aussah. Zur Nachspeise, einer besonderen Eisbombe, wurden die Vorhänge zurückgezogen, und draußen im Schnee brannten die Kellner ein kleines Feuerwerk ab.

Soubise, das ist eine *Béchamelsauce,* die mit gedünsteten, durchgestrichenen Zwiebeln, mit Salz, Pfeffer, Prise Zucker und Rahm vollendet wird.

Souffle, das ist ein Auflauf, der durch Eierschnee duftig hochgezogen wird. Es gibt eine Unzahl süßer Souffles, die mit Schokoladen, Früchten, Nüssen, Likören usw. aromatisiert werden.

Steaks verdienen ein Sonderkapitel, denn diese Extrastücke vom Fleisch sind in den letzten Jahren immer moderner geworden. Aus der Pfanne und vom Grill – mmh, herrlich! Aber das Fleischstück muß stimmen, das ist erste Voraussetzung, zweite, daß man das Steak richtig brät oder grillt, ja nicht zu lange, sonst wird es trocken. Der erfahrene Koch kennt am Daumendruck auf das heiße Stück, wieweit es ist. Hier nun eine kleine Steak-Lehre: *Beefsteak* ist oft die allgemeine Bezeichnung für die Steaks aus den Filets, aber leider wird unter dieser Bezeichnung oft auch ein minderes Stück angeboten. – Das *Filetsteak* wird möglichst von der Mitte zum dickeren Ende des Filets hin geschnitten, soll mindestens zwei Zentimeter dick sein und rund 200 Gramm wiegen. – Das *Chateaubriand* ist ein doppeltes Filetsteak, aus dem dicksten Teil des Rinderfilets geschnitten. Es ist etwa 500 Gramm schwer und reicht für zwei oder drei Personen. Beim Servieren wird es schräg in Scheiben geschnitten. – Die *Tournedos* sind vom dünneren Stück des Filets. Dafür sind sie oft bis zu 5 Zentimeter dick. Damit sie nicht auseinandergehen, werden sie gepreßt. – Die *Medaillons* sind ähnlich wie die Tournedos kleine runde Filets, nur nicht so dick, und sie werden ebenfalls wie die Tournedos auf vielerlei Art mit vielerlei Garnituren serviert. – Das *Rumpsteak,* eigentlich am weitesten verbreitet, ist eine rund zwei Zentimeter dicke Scheibe aus dem Roastbeef. – Das *Entrecôte* ist dicker als das Rumpsteak, vier Zentimeter etwa, und es wird beim Servieren zumeist auch in schräge Schnitten tranchiert. – Das *Porterhouse-Steak* ist so etwas wie ein Rindskotelett, es ist die ganze dicke Scheibe aus dem Roastbeef mit dem dazugehörigen Knochen und dem Filetstück. Es wiegt ein Kilogramm und mehr und reicht für vier Personen. – Das *T-Bone-Steak* ist ein verkleinertes Porterhouse. – Das *Sirloin-Steak,* die Lende, zu der man Sir sagen kann, wird aus dem Stück zwischen Porterhouse und Schwanz geschnitten. Es ist das größte Stück, bis zu sechs Zentimeter dick, wiegt etwa zwei Kilo und sollte für sechs Personen reichen. Das sind die wichtigsten Stücke vom Rind.
Jetzt noch die wichtige Frage, wie wird es aufgetragen. Das ist Geschmackssache. Nur die Bezeichnungen sollte man kennen: *Bleu, blau* oder *raw,* das ist ein fast rohes Stück, das nur außen kurz aber stark angebraten wird und innen nur warm ist. – *Saignant* oder *rare* oder blutig. Dabei darf das Innere nicht mehr roh sein, aber beim Anschneiden muß roter Fleischsaft herausfließen. – *A point, medium* oder *englisch* ist das halb gebratne Steak, das innen schön rosa ist. – *Bien cuit,* durchgebraten oder *well done* ist das durchgebratene Steak. Aber auch bei dieser Art muß innen ein schwacher rosa Schimmer sein, sonst ist zuviel Saft aus dem schönen Stück verloren.
Steaks zu braten, das ist Minutensache. Es erfordert lange Erfahrung. Nur gute Köche, gewitzte Hausfrauen oder Hobbyköche kennen den Zustand ihres Steaks.

Die Regeln hier gelten übrigens nur für Rindersteaks. Schweins- oder Kalbstücke vom Grill müssen immer durchgebraten sein.

Straßburger Art oder *à la Strasbourgeoise* ist eine Zubereitungsart, bei der die Genüsse jener Region, nämlich Sauerkraut mit Wein, Gänseleber und durchwachsene Speckscheiben eine Rolle spielen.

Suprême ist das beste vom Besten, wie schon der Name sagt. Zum Beispiel *Suprême de vollaile* sind Hühnerbrüstchen. Bei allem Geflügel und Federwild bezeichnet Suprême die Brüstchen, die dann noch auf verschiedene Art zubereitet und garniert werden.

Surprise heißt Überraschung. Heutzutage bietet uns die Küche natürlich keine solchen Überraschungen mehr wie in früheren Jahrhunderten, wo aus Riesenpasteten Zwerge herauskamen, die auf Miniaturflügeln Musik machten. Aber die Süßspeisen Surprise sind immer noch sehens- und schmeckenswert. Berühmt ist das *Omelette surprise*. Beim richtigen Rezept werden Biskuits mit Likör, Zuckersirup und Eis bedeckt, mit lockerer Auflaufmasse übergossen und rasch mit Oberhitze überbacken. Die Kunst ist, daß das Eis nicht ganz vergeht.

T

Tabasco ist eine scharfe Würzsauce aus rotem Pfeffer, Essig und Salz, die man nur tropfenweise verwendet. Sie kommt aus Südamerika und ist fertig im Handel erhältlich.

Tafelpilz, von dem in den klassischen Garnituren und Zubereitungsarten immer wieder die Rede ist, wird auch Edelpilz genannt. Es ist der Zuchtchampignon, manchmal auch der Wiesenchampignon. Bedeutet für die Kochkunst fast soviel wie die Zwiebel, denn fast so häufig wird er gebraucht.

Tafelspitz ist ein besonders saftiges Stück Rindfleisch von der Keule, das nirgends so gut zubereitet wird wie in Wien. Das gesottene Stück wird stets mit Kartoffelschmarrn, Schnittlauchsauce oder Apfelkren serviert.

Tagliatelle sind breite italienische Bandnudeln, die in vielerlei Zubereitung auf den Tisch kommen. Zum Beispiel als *Tagliatelle alla Romana,* das heißt mit gewürfelter Salami, gehackten Zwiebeln, Tomaten und Parmesan.

Tatar oder Tatarenfleisch ist schieres, durch den Wolf gedrehtes Rindfleisch von der Lende, mit Salz, Pfeffer, gehackten Zwiebeln, Eigelb, gehackten Essiggemüsen, Kapern, gehackter Petersilie angerichtet. Die Franzosen nennen es *Beefsteak à la Tatare.*

Tataren-Sauce ist eine Mayonnaise, mit gestoßenem Schnittlauch durchs Sieb passiert.

Tartelettes sind kleine süße Törtchen, mit Früchten und Cremes gefüllt.

Terrine ist eine Napfpastete, vorwiegend aus Geflügel, Enten, Rebhühnern. Die Schüssel wird mit Speckscheiben ausgelegt, mit Fleischstücken und Farce gefüllt und im Wasserbad fertig bereitet.

Tête heißt der Kopf, und der Tête de veau ist zum Beispiel der Kalbskopf, der ausgelöst, paniert und gebacken, mit Remouladensauce serviert, eine Delikatesse ist.

Tiroler Art oder *à la tyrolienne*, das ist beim gebratenen Fisch eine Garnitur von geschmolzenen Tomaten und gebackenen Zwiebelringen. Beim Fleisch ebenfalls Tomaten und gebratene Zwiebelscheiben und eine Tiroler Sauce. Leber auf Tiroler Art, wird mit gebratenem Speck und Zwiebelringen angerichtet.

Tiroler Sauce, das ist eine Mayonnaise mit Tomatenpüree.

Tortue ist die Schildkröte, und die echte Schildkrötensuppe heißt Potage Tortue Veritable oder englisch Real Turtle Soup, im Gegensatz zu der auch nicht schlechten Mock Turtle Soup.

Toulouser Art: Das heißt bei Fisch eine Matrosensauce (Fischsud, Champignons und Rotwein) mit Perlzwiebeln, Crevetten und Fischklößchen angerichtet. Bei Fleischgerichten Lammsmilch, Hahnenkämme, Hühnernieren, Geflügelklößchen, Champignonköpfe, Trüffelscheiben und deutsche Sauce als Garnitur.

Tournedos sind kleine Scheiben aus dem Filet (siehe Steaks).

Trauttmansdorff: Diesen Namen trägt eine berühmte Süßspeise. *Reis Trauttmansdorff* wird mit Vanillegeschmack, Schlagrahm, Gelatine und Maraschinolikör zubereitet, gestürzt und mit Erdbeer- oder Himbeersauce serviert.

Tripes sind Kaldaunen oder Kutteln (siehe diese).

Trüffeln oder französisch *Truffes*, auch *Erdmorcheln* genannt, sind sehr seltene und kostbare Tuberpilze. Sie wachsen vor allem in Frankreich im Gebiet um Perigord, in Savoyen oder in Norditalien. Es gibt die schwarzen (die kostbareren) und die weißen. Sie werden von dafür eigens dressierten Schweinen oder Hunden unter dem Erdreich aufgespürt. Als Beilage, Garnitur oder einfach als Aromaträger kommen sie häufig in der großen Küche vor. Aber wer kann sich das leisten, eine ganze *Trüffel sous le cendre* (in Asche gebraten) zu genießen? Dafür werden die Trüffeln mit Salz, Pfeffer und Cognac gewürzt, in Pastetenteig gehüllt und in gefettetes Pergamentpapier eingeschlagen, entweder in glühender Asche oder im Rohr gebraten und mit frischer Butter aufgetragen. Fürs Würzen in der Küche, für die Pasteten und auch für die Garnituren verwendet man oft Trüffelabfälle.

Truites sind Forellen.

Turbot ist der Steinbutt, einer der edelsten Speisefische, für den es fast so viele Zubereitungsarten wie für die Seezunge gibt.

U

Ukelei ist ein altertümlicher Name für den Weißbarsch, der aber noch manchmal gebraucht wird.

Uncle Joe Potatoes, das sind Kartoffeln auf typisch amerikanische Art. Gekochte Kartoffeln, geschält und zerhackt, werden mit gehackten Zwiebeln, grünen Pfefferschoten und frischen Maiskörnern in Schweinefett auf der Pfanne gebraten.

Ungarische Art oder *à la hongrois*, das ist immer mit Paprika gewürzt. Zum Beispiel dieses kleine Vorgericht: Ölsardinen werden mit Paprika und gehackten Zwiebeln zusammen zerdrückt und auf Weißbrotscheiben gestrichen.

Ungarisches Fischgulasch oder *Halászlé*, ein Nationalgericht, das international bekannt wurde. Stücke von verschiedenen Süßwasserfischen und Aal werden gesalzen, in eine Sauce aus Zwiebeln, Butter und Paprika gegeben, mit Wasser und saurem Rahm aufgegossen, die Sauce durchgestrichen und mit Eigelb gebunden. Übrigens noch ein Tip: Paprika nie braten, sondern immer dünsten. Beim Braten wird er bitter.

V

Vanneau ist der Kiebitz. Wird gebraten und auf verschiedene Weise angerichtet. Häufiger kommen Kiebitzeier auf den Tisch. Sie geben eine hübsche Garnitur und schmecken, mit Sauce garniert, sehr gut.

Veau sauté ist ein Kalbsragout, das auf verschiedene Art, zum Beispiel mit Auberginen, Tomaten, Champignons zubereitet wird.

Veloute oder *Samtsauce* ist die weiße Grundsauce mit feinen Kräutern, Gewürzen und frischer Butter angereichert.

Vermicelles sind Faden- oder Suppennudeln. Sie kommen auf internationalen Speisekarten sehr häufig vor.

Vinaigrette, diese Essigsauce wird oft zu Spargel und Artischocken gegeben. Sie paßt auch gut zu gesottenem Fleisch und Fisch, zu Kalbskopf. Für die Vinaigrette werden hartgekochte Eigelb mit Öl vermischt, Salz, Pfeffer, Essig dazu und schließlich hartgekochtes Eiweiß und Petersilie, alles gehackt.

Vol au vent, die Blätterteigpastete ist das leichteste vom Leichten. Die Köstlichkeit wird gefüllt mit verschiedenen Farcen. Von der Art *Agnes Sorel* (Champignons, Hühnerfleisch, Hühnerklößchen, Hühnersauce, Trüffelscheiben und Scheiben von Pökelzunge) bis zum *Vol au vent Viktoria* (Seezungenschnitten, Langusten und Trüffelwürfel) gibt es viele Möglichkeiten.

W

Waterzooi ist ein berühmtes belgisches Fischragout. Süßwasserfische werden dabei in gesäuertem Wasser mit Wurzelgemüse gekocht und mit Röstbrot angerichtet.

Wachteln, französisch *Cailles,* beliebtes Federwild, das gebraten auf vielerlei Art angerichtet wird.

Waldorfsalat hat seinen Namen vom berühmten exklusiven Hotel Waldorf Astoria in New York. Seine einfache Komposition ist so schmackhaft, daß er weltberühmt wurde. Streifen von Sellerieknollen und Äpfeln (beides am besten geraspelt) und Nußkerne werden in Mayonnaise angemacht, auf Schalen oder Salatblättern serviert. Zweite Art: In ausgehöhlten Äpfeln auf Salatblättern angerichtet, dann die Zutaten würfeln.

Walewska: Die geliebte Gräfin Napoleons gab vielen Gerichten ihren Namen, aber immer sind Langusten dabei. So beim *Fisch Walewska,* der mit Langustenschweifen und Trüffelscheiben garniert, mit Käsesauce übergossen und im Rohr gebacken wird.

Warenikis, das sind polnische Nudelteigflecke, ähnlich den Ravioli, gekocht und mit geschmolzener Butter übergossen.

Weinbergschnecken oder *Escargots* (siehe diese) sind in Frankreich viel weiter verbreitet als bei uns. Das ist schade, denn sie schmecken vorzüglich.

Weinschaum oder *Chaudeau* (siehe diese), ein süßes Gericht. Man kann Weinschaum übrigens auch mit Schlagrahm verrühren, in Formen füllen und gefrieren.

Wellington: Das berühmteste Gericht mit dem Namen des gegen Napoleon siegreichen Feldherrn ist das *Filet Wellington.* Der Braten wird dabei nur halb gargemacht, dann mit geröstetem Wurzelgemüse bestrichen, mit dünnen Speckscheiben umwickelt, in Blätterteig gehüllt und gebacken. Dazu gibt es Kraftsauce mit Trüffelessenz.

Welsh rarebits. Diese Würzbissen aus England sind köstlich (siehe rarebits).

Worcestershiresauce (gesprochen Wustersos, da es immer wieder Zweifel gibt), ist eine englische Würzsauce aus Essig, Senf, Pfeffer, Salz, Cayennepfeffer, Zwiebeln, Curry und anderen Gewürzen. Im Handel überall erhältlich. Dient zum Würzen von Fleisch und Ragout.

X

Xavier ist eine beliebte Zubereitungsart auf der internationalen Speisekarte. *Kraftbrühe Xavier* wird mit Madeira gewürzt und mit Scheibchen von Pfannenkuchen aufgetragen. *Eier Xavier* sind auf Blätterteig mit Crevetten und Trüffeln angerichtet. *Fisch Xavier* kommt mit Hummerfleisch, Tafelpilzen in Muschelschalen und wird mit Käsesauce übergossen im Ofen überbacken.

Y

Yorkshire Art: Weil die englische Landschaft gleichen Namens einen guten Schinken hervorbringt, ist zum Beispiel *Truthahn Yorkshire Style* gefüllt mit Weißbrot, mit Schinkenstücken und Gemüse.

Yorkshire Pudding ist kein süßer Pudding, sondern in England eine beliebte Beigabe vor allem zum Roastbeef. Aus Mehl, Eiern, Milch, Salz und Rinderfett wird ein Teig dickflüssig auf die Pfanne gestrichen und gebacken. In Rauten geschnitten wird er auf Fleischplatten angerichtet.

Yorkshire Sauce wird aus der Espagnole mit Portwein, Johannisbeergelee und geschnittenen Orangenschalen hergestellt.

Z

Zakouski sind die pikanten kleinen russischen Vorspeisen in Schüsselchen.

Zichorie wird manchmal der Endiviensalat genannt.

Ziemer oder französisch *Cimier* ist der Hirschrücken. *Ziemer auf deutsche Art* heißt, daß der Rücken gebeizt und in Brotteig gebacken ist.

Zigeunerart. Danach werden Filets, genauso aber auch andere Fleisch- und Geflügelstücke mit Schinkenscheiben belegt und mit Zigeunersauce (Espagnole mit Tomaten, Schinken- und Pökelzungenstreifen, Champignons und Trüffeln) aufgetragen.

Zucchini oder *Zucchetti* sind gurkenähnliche Zwergkürbisse, die in Italien und Griechenland nicht geschält in Öl gedünstet werden. Fast gebraten kommen sie auch kalt als Vorspeisenhappen auf den Tisch.

Zuppa Pavese ist eine sehr nahrhafte italienische Suppe. Geröstete Weißbrotscheiben werden in angewärmte Suppenteller gelegt, darauf kommen verlorene Eier, darüber Parmesan, und schließlich wird kochende Fleischbrühe vorsichtig eingegossen. Obenauf gehackten Schnittlauch.

Zwiebelsuppe, ein Volksgericht, das am besten in Paris um sechs Uhr früh bei den alten Markthallen schmeckte. Soupe á la oignon (siehe diese) ist inzwischen in die internationale feine Küche eingedrungen.

Und noch etwas Wichtiges: der Wein

Es gibt Eßkünstler, die mit feiner Zunge bei jedem Gericht alle Zutaten und Gewürze erkennen. Die Krone der Gourmets aber gebührt den Meistern kulinarischer Vollkommenheit, den Feinschmeckern der Küche, die auch noch im Weinkeller höchste Kennerschaft beweisen, die nicht nur bestimmen können, aus welchem Gebiet und welcher Lage ein großer Wein kommt, sondern die sogar noch den Jahrgang bestimmen.

Die Zeiten und Umstände sind nicht dazu angetan, uns allen diese Gottesgabe zu verleihen, aber ein bißchen sollten wir danach streben, unseren guten Geschmack stets zu verbessern. So darf auch ein kleines Kapitel über Getränke zum Essen, das heißt vorwiegend Wein, nicht fehlen. Die simplen Regeln dafür sind weithin bekannt. Grimod de la Reyniere sagte vor 175 Jahren: »Bier, Wein, Champagner, Branntwein und Likör ist eine Reihenfolge, die man nicht rückläufig einhalten darf.« Der alte Grundsatz, beim Wein immer vom leichteren zum schwereren zu gehen, gilt auch immer noch. Ebenso der kulinarische Lehrspruch: Weißer Wein zu weißem Fleisch, roter Wein zu rotem Fleisch! Doch über diese allgemeinen Regeln, die Kenner in manchen Fällen durchaus übertreten dürfen, ist das Kapitel Getränke bei Tisch eben schier unerschöpflich.

Auch die Fachleute sind sich da nicht immer einig. Der eine empfiehlt zum Beispiel zum weißen Fisch Rheinwein, der andere schwört, es dürfe nur ein spritziger Mosel sein, ein dritter rät zu trockenem Elsässer, und alle drei haben recht. In solchen Expertenstreit wollen wir uns nicht einmischen, unsere Vorschläge und Hinweise lassen immer noch offen, daß man über Geschmack halt doch streiten kann. In diesem Sinne empfehlen wir:

Aperitif

Der Aperitif soll Appetit machen auf die Dinge, die da kommen, soll die Zeit vertreiben, bis man sich zur Tafel setzt. Herkömmlich und auch sehr bekömmlich ist dafür ein trockener Sherry oder ein weißer Portwein. Auch ein trockener Vermouth ist zu empfehlen. In neuerer Zeit sind auch die Marken-Aperitife sehr beliebt, wie der mit Soda aufgespritzte Campari, Pernod oder der verwandte griechische Ouzo, Cynar, Amer Picon, Dubonnet, Byrrh, Suze und wie die Appetitmacher alle heißen. Sekt oder Champagner passen natürlich auch. Dazu knabbert man Oliven, Pistazien, Nüsse, Kartoffelchips, sofern man keine Gewichtsprobleme hat.

Hors d'œuvres

Es ist schwierig, für die kleinen Vorspeisen den richtigen Wein zu wählen. Besonders zu den pikanten mit Essig und Öl bereiteten Happen! Oft paßt ein trockener Sherry dazu oder, beim kleinen Essen, auch ein trockener Wein, wie er später zum Essen gereicht wird. Zu Austern oder anderen Meermuscheln gehört in erster Linie ein Chablis. Flußkrebse, Hummer oder Langusten, Scampi oder Cocktails aus diesen Schalentieren werden am besten von Sekt oder Champagner begleitet. Doch auch hier paßt ein guter trockener Weißwein. Wie sehr die Geschmäcker verschieden sind, beweist, daß man hierzulande zu fetten Vorspeisen wie Aal oder geräuchertem Lachs einen fruchtigen Rheingauer serviert, während die Skandinavier dazu durchaus einen scharfen Aquavit bevorzugen.

Suppe

Die Suppe verlangt eigentlich keinen eigenen Wein. Oft sind klare Suppen mit Madeira oder Sherry verfeinert, und es ist nicht falsch, dazu dann ein kleines Glas derselben Sorte zu reichen. Wenn die Suppe ein Hauptgang ist, zum Beispiel eine Bouillabaisse aus der Provence, dann reicht man einen Wein aus dieser Region dazu, etwa einen leichten Rosé. Eine kräftige französische Zwiebelsuppe verträgt gut einen Gewürztraminer aus dem Elsaß.

Fischgerichte

Ganz allgemeinen schmeckt Weißwein besser zu Fisch als Rotwein. Gekochter magerer Flußfisch verlangt einen zarten lieblichen Wein, zum Beispiel von der Nahe oder einen Elsässer. Zu gebratenen Fischen wie Forelle, Renken, Lachs schmecken Mosel, Franken- oder Rheingauerweine. Manche Feinschmecker nehmen zum Lachs aber auch einen Rotwein. Zur Seezunge, dem nobelsten Meerfisch, empfehlen Kenner einen edlen Mosel oder einen besonderen Tropfen vom Mittelrhein. Natürlich kommt es auch bei den Fischgerichten auf die Zubereitungsart an. Fische mit stark gewürzten Saucen verlangen oft stärkere Tropfen. Mittelmeerfische, die kräftig mit Knoblauch gewürzt sind, schmecken am besten mit herben und schweren Weinen der Region.

Zwischengerichte

Zu leichten Zwischengerichten wie kleinen Omelettes, Käseaufläufen und salzigen Strudeln und zu den italienischen Nudelgerichten wie Pasta Asciutta, Lasagne oder auch zur Pizza passen liebliche zarte Weißweine von Nahe, Rheinhessen, aber auch ein Frascati zum Beispiel. Wenn man sie als Hauptgericht ißt, paßt auch italienischer Rotwein gut dazu. Dasselbe gilt für die spanische Paella. Zu fernöstlichen Reisgerichten, wie der berühmten indonesischen Reistafel, bevorzugen viele Feinschmecker genau wie die alten Holländer ein frisch zischendes Bier. Das verträgt sich am besten mit den scharfen Gewürzen.

43

Fleischgerichte

Von der Grundregel, weißes Fleisch und weißer Wein, rotes Fleisch und roter Wein, war schon die Rede. Unter das »Weiße« in diesem Sinne fallen vor allem eingemachtes Kalbfleisch, Zicklein, Spanferkel, gekochte Zunge und ganz milder Kochschinken. Das alles sind ausgesprochene Weißweingerichte, zu denen leichte, liebliche Tropfen passen, zum Beispiel ein Kaiserstühler aus Baden, ein guter Frankenwein, ein edler Pfälzer usw. Zum gekochten Rindfleisch, zu Kalbschnitzel, zur Pökelzunge, zu weißem Fleisch mit würzigen Saucen passen unverfälschte Roséweine, echte Südtiroler wie ein Kalterer oder ein Lagrein Kretzer. Zu gebratenem Rind und Lammfleisch ist edler Rotwein vorzuziehen. Da sind besonders gut ein Bordeaux oder ein Burgunder, wenn das Fleisch von einem schönen Stück ist und besonders gut zubereitet wurde. Das gilt auch für Roastbeef und alle die Steaks. Auch Wild und Wildgeflügel sind Gelegenheiten für die großen Rotweine. Es gibt aber auch schwere gute Pfälzer Weine oder Frankenweine voll reichem Bukett, die gut zu Wildbret passen. Beim Geflügel zeigt sich am deutlichsten, wie sehr es bei der Wahl des Weines auf die Zubereitungsart ankommt. Zum Brathuhn, das nichts als Butter und ein paar Kräuter zur knusprigen Vollendung braucht, paßt fast jeder gute Wein. Zu den Geflügelgerichten mit weißer Sauce schmecken gute, nicht zu süße Weißweine am besten. Für einen Coq au vin paßt am besten der Wein, den man auch zur Bereitung des Gerichts verwendet hat. Zum schweren Bratgeflügel wie Gans und Ente gibt man am besten nicht zu leichte Rotweine. Für deftige Hausmannskost aus fettem Schweinefleisch, durchwachsenem Rind, zu Schlachtschüsseln, Stews oder Pichelsteinern und zu Würsten sucht man am besten gar keinen Wein aus. Hier schmeckt nichts so gut wie ein frisches Bier. Es sei allerdings noch an die Regel erinnert, daß Bier auf Wein nicht geht.

Käse

Auch beim Käse ist es sehr schwierig, feste Regeln aufzustellen. Nur soviel: Zu den milderen Käsesorten wie Emmentaler, Gruyere, Gouda, Chester und zarten Camemberts passen fast alle Weine. Aber doch ist Käse eher ein Rotweingericht. Besonders zu den würzigeren Sorten wie Roquefort, Munster usw. schmecken schwere Rotweinsorten am besten. In Frankreich wird der Käse auch immer nach dem Braten gereicht, so daß man den Wein vom Fleischgericht auch noch zum Käse weitertrinken kann. Heiße Käsegerichte wie ein Fondue oder ein Raclette verlangen den Wein der Region, zum Beispiel einen trockenen Neuenburger oder einen spritzigen Fendant.

Süßspeisen

Wer keinen Fehler machen will, der nimmt zur Süßspeise am Ende der Mahlzeit Champagner oder Sekt, die ja auch zu fast allen Gerichten passen, aber besonders gut mit den Süßspeisen harmonieren. Außerdem sind zu den nicht zu zuckrigen Desserts auch die schweren Südweine wie Samos, Madeira, dunkler Portwein, Muskateller oder Tokayer zu empfehlen. Und natürlich die edelsten deutschen Tropfen, Auslesen vom Rhein und aus anderen Wachstumsgebieten, eben die süßen schweren Weine, von denen man nur ein paar Schlückchen trinkt.

Auswahl und Zeremonie

Zum Schluß des Kapitels muß noch mal betont werden, daß die Hinweise hier nur sehr lückenhaft sein können, denn das Thema Essen und Wein ist schon in ganzen Bibliotheken nicht erschöpfend abgehandelt worden. Probieren, die Zungen und den Gaumen üben, das ist immer noch das beste Rezept. Ein paar allgemeine Hinweise zur Auswahl der Weine wollen wir jedoch auch noch geben:

Viele Leute wählen auf der Weinkarte schnell entschlossen den teuersten Wein, wenn sie das nötige Kleingeld haben. Daß es nicht immer der beste und der passendste ist, scheint offensichtlich. Häufig sind zum Beispiel in Weinstuben auf den Schoppenlisten die ersten und billigsten Weine zumindest die unverfälschten. Ein paar Tips zum Etikett: Französische Weine von Qualität müssen die Aufschrift »Appelation Contrôlé« oder »AC« tragen, was soviel wie kontrollierte Ursprungsbezeichnung heißt. Also eine gewisse Qualitätskontrolle. Deutsche Weine sind seit dem Weingesetz von 1971 in drei Klassen eingeteilt. Es sind die Tafelweine, die Qualitätsweine verschiedener Anbaugebiete und die Qualitätsweine mit Prädikat. Die Prädikate in ihrer Steigerung sind Kabinett, Spätlese, Auslese, Beerenauslese, Trockenbeerenauslese. Außerdem gibt es noch Eiswein, für den die gefrorenen Trauben nach dem ersten Frost geerntet werden.

Die Präsentation des Weins in einem guten Restaurant sollte eine strenge Zeremonie sein. Der Kellner bringt den Wein, vorsichtig wie ein Baby trägt er ihn, denn das Schütteln verträgt er schlecht, wenn er von guten Eltern stammt. Er zeigt dann das Etikett, dann öffnet er die Flasche, und mit einem schnellen unauffälligen Griff hält er sich den Korken unter die Nase, um gleich vorneweg zu vermeiden, daß der Gast wegen Korkgeschmack reklamieren muß. Dann schenkt er ein wenig in das Glas des Gastgebers. Der schwenkt kurz im Glas und probiert, ob er richtig schmeckt, der Vorstellung entspricht, ob er keinen Korkgeschmack hat, nicht schweflig ist und ob auch die Temperatur stimmt. Dann erst wird in alle Gläser geschenkt , aber ja nicht randvoll, sondern am besten nur zwei Drittel des Kelchs. So entfaltet der gute Wein sein Bukett am besten.

Guten Wein soll man so sorgfältig behandeln wie eine schöne Frau, sagt ein französisches Sprichwort. Und die Franzosen verstehen bekanntlich etwas von Frauen, vom Essen und vom Trinken.

Die hohe Kunst, das Richtige zu wählen

Bin ich zu einem Diner geladen, so erwarte ich einen Fisch, Geflügel, Wild, ein großes Morceau de résistance und ein Ragout. Ohne diese Hauptsachen stehe ich nicht zufrieden auf: sie sind die fünf Akte des Dramas, dazu ebenso notwendig wie die berühmten drei Einheiten der französischen Tragödie.

Das Zitat stammt aus der »Gastrosophie oder Lehren von den Freuden der Tafel«, dem besten Werk, das über die Feinschmeckerei in deutscher Sprache geschrieben wurde. Baron von Vaerst gab es um die Mitte des vorigen Jahrhunderts heraus. Damals waren die fünf erwähnten Hauptsachen noch üblich im noblen Haushalt, und auch eine gutbürgerliche Tafel, die ein Koch oder eine verständige Köchin bereitete, enthielt diese Zutaten. Inzwischen sind wieder zahlreiche Kriege, Revolutionen und neue Ernährungstheorien nicht spurlos an uns vorübergegangen. Und 175 Jahre nach den Worten von Baron von Vaerst ist ein Diner seiner Art nur noch als extravagante Schwelgerei, als festliche Angelegenheit anzutreffen.

Die moderne Speisenfolge umfaßt bei festlichen Essen mit Suppe, Vor- und Nachspeise nur noch fünf Gänge, bei gewöhnlichen Essen, wie sie als festes Menü im Restaurant angeboten werden, sogar nur drei.

Ein Hinweis mehr, daß der Mensch, je höher er kam, nämlich bis zum Mond, immer tiefer sank. Werfen wir einen Blick auf die Geschichte des Niedergangs der

zwar ungesunden, aber doch schönen Prasserei. Im römischen Altertum saßen – oder vielmehr lagen – die Gäste stundenlang zu Tisch. Natürlich nicht die Sklaven, von denen die heute noch als Ruinen zu besichtigenden steinernen Denkmäler jener Zeit stammen. Die aßen hauptsächlich Zwiebeln, Gemüse und vielleicht einmal einen Fisch. Aber die Herren führten entweder Feldzüge, um die Kassen aufzufüllen, oder sie gaben Festessen, um die Kassen leer zu machen.

Vorspeisen	*Hauptmahlzeit*
Seeigel	Schweinseuter
Frische Austern	Wilder Schweinskopf
in stets neu nachkommenden Schüsseln,	Ein Fischgang
solange die Gäste Lust hatten	Gebratene Enten
Gienmuscheln	Frikassierte Kricken
Gebratene Weindrosseln	Hasen gebraten
Poularde mit Spargeln	Poularden gebraten
Austern- und Gienmuscheln-Grisett	Creme und picantinische Biskuits
Schwarze und weiße Meertulpen	
Meernesseln	
Gebratene Feigenpicker	
Koteletten vom Reh und Wildschwein	
Hühnerpastete	
Stachel- und Purpurschnecken	

Dieser Speisezettel aus dem dritten Jahrhundert vor Christus zeigt die Gerichte an, die Lentullus, der Oberpriester des Mars, anläßlich seiner Installation Priestern, Auguren und vestalischen Jungfrauen auftischte. Aber das ist noch ein gemäßigtes Festessen. Vitellius, den Tacitus ein Schwein nennt, ließ für ein einziges Diner 7000 Vögel und 2000 Fische zurichten. In sieben Monaten verschwendete er nach alten Berichten allein mit Essen viele Millionen. Kaiser Verus gab ein Essen, bei dem jeder Gast den Vorschneider, den schönen Knaben, der ihn bei Tisch bedient hatte, als Geschenk mitnehmen durfte. Und außerdem schickte der Kaiser jedem später noch von den Hunderten von seltenen Tieren, die auf der Tafel erschienen waren, je ein lebendiges Exemplar nach Hause. Heliogabalus fand die kostbarsten Speisen noch nicht teuer genug und streute Edelsteine und Perlen drüber, die man herausfischen und behalten durfte. Als besonderen Gag ließ der Herr einmal bei einem Festmahl Blumen in solcher Menge von der Decke regnen, daß einige Gäste darunter erstickten. Macht nichts, die Römer hatten's ja. Aber nicht mehr lange. Denn daß solcher Luxus nicht gutgehen konnte auf Dauer, um das zu verstehen braucht man nicht Soziologie studieren. Rom ging in die Binsen. Und die Barbaren, die sich brav und redlich von den Früchten der Bäume und den Tieren des Waldes nährten, sorgten für den Untergang Roms und vorläufig auch für den Untergang der Esserei als dramatischer Kunst.

Aber in Italien ging der gute Geschmack nicht ganz verloren. Dort ist eigentlich der Ursprung der modernen guten Kochkunst. Erst als Katharina von Medici als Königin nach Frankreich kam und ihre eigenen Köche und Kochrezepte mitbrachte, wurde dort die Feinschmeckerei heimisch. Sie entwickelte sich allerdings zur höchsten Blüte. Seitdem gilt französisch und gut essen als Synonym. Und darum ist bis heute die Küchensprache französisch, die besten Zubereitungsarten, die feinsten Saucen und die raffiniertesten Desserts kommen aus Paris und den französischen Provinzen.

Frankreich erfand auch die klassische Speisenfolge, die sogar die große Revolution überlebte. Zum Beginn des 19. Jahrhunderts sah ein festliches Diner so aus:

Erstes Service:

2 Potages (2 Suppen)
2 Horsd'œuvres (2 warme Vorspeisen)
4 Relevés (vier Hauptschüsseln, zwei davon mit Fisch)
6 Entrées chaudes (6 warme Zwischengerichte)
2 Gros Pièces sur socle, auch Pièce de resistance oder Morceau de resistance genannt. (2 große Stücke auf Sockeln, eines davon Fisch)

Zweites Service

1 Sorbet
2 Rôts (2 Braten zumeist vom Spieß)
2 Entremets de légume (2 Gemüseschüsseln)
2 Entremets sucrés chaudes (2 warme Süßspeisen)

Drittes Service

2 Entremets sucrés froides (2 kalte Süßspeisen, Eis)
2 Gros Pièces sur socle (2 große Zuckeraufbauten)
Fruits, Compotes, Dessert (Früchte, Kompotte, Desserts)

Wenn wir nun nach diesem Schema ein Menü zusammenstellen sollten, könnte es so aussehen:

Eine französische Gemüsesuppe	Rehfilets
Eine Fasanenpüreesuppe	Getrüffelter Truthahn
Omelette mit Trüffeln	Lendenstück vom Lachs
Pastetchen mit Krebsmus	Orangensorbet
Beefsteak mit Madeirasauce	Kalbsfrikandeau mit Champignons
Gans nach Straßburger Art	Prager Schinken
Seezunge mit Austernsauce	Gemüsesalat
Steinbutt-Filets mit Kräutersauce	Gefüllte Tomaten
Auerhahn-Salmi	Zitronensouffle
Gebackene Bärentatzen	Heiße Schokoladencreme
Pastetchen mit Lerchen gefüllt	Erdbeereis
Geräucherte Schweinsrippchen	Pfirsichkrapfen
Kalbszunge	Früchte, Kompotte usw.

Da hier von den meisten Gängen mehrere Gerichte aufgeführt sind, ist klar, daß dies kein Mensch alles essen konnte. Diese lange Reihe von Gerichten im klassischen französischen Menü hat sich bald verringert, aber im Grunde blieb die Speisenfolge bis in unser Jahrhundert nach demselben Schema. Der bekannte Berliner Gastronom Stutzenbacher stellte um die Jahrhundertwende für ein besseres Diner noch folgende Reihenfolge auf:

Vorspeisen
Suppe
Fisch
Großes Stück vom Schlachtfleisch
Warmes Zwischengericht
Kaltes Zwischengericht oder Gemüse mit Beilagen
Braten

Gemüse (wenn nicht vorher als Zwischengericht gegeben)
Warme Süßspeise
Dessert

In unserem Zeitalter der Schnellimbisse (wo man zum Essen nicht einmal mehr den Hut abnimmt) gibt es Gott sei Dank immer noch Menschen, die sich nicht von einem mit Senf oder Ketchup beschmierten und zwischen zwei Semmelhälften gepreßten Fleischpflanzl ernähren. Und für sie ist jetzt bei festlichen Menüs die Anzahl der Gänge auf fünf geschrumpft:

Kalte Vorspeise
Suppe
Fisch oder warme Vorspeise
Schlachtfleisch, Braten, Wild oder Geflügel
Dessert

Und für gewöhnlich zählt der Mensch im Konservenzeitalter nur bis drei:

Suppe
Hauptgericht
Dessert

Da ist das Zusammenstellen von Menüs nicht mehr so schwierig wie zu Zeiten von Madame Pompadour und nicht einmal wie in Kaiser Wilhelms Jahren. Aber auch heute noch gilt es, die Regeln des Geschmacks zu achten, so aus der Speisekarte zu wählen, daß das Auge und der Gaumen zufrieden sind. Und außerdem gibt es kein Gesetz, das verbietet, einmal ein Menü nach alter Sitte zusammenzustellen.
Also die Grundregeln: Man sollte – wie auch bei der Wahl der Weine –, beim Essen vom Leichteren zum Schweren und dann wieder zum Leichteren kommen. Wiederholungen sind zu vermeiden, besonders gilt dies für Schlachtfleisch, Geflügel und Wild. Besonderer Wert ist auch auf die Farben der Gerichte zu legen. Kein roter Lachs und roter Schinken in einem Menü! Auch auf die Zubereitungsart ist zu achten, also nach gebratenem Fisch kein gebratenes Hauptstück. Gibt es eine Geflügelsuppe, hernach kein Geflügel, auch bei den Saucen auf Abwechslung achten, so daß nicht zwei weiße Saucen hintereinander erscheinen. Nehmen Sie einmal eine gute, nicht zu umfangreiche Speisekarte und stellen Sie daraus nach allen Regeln der Kunst ein Menü zusammen. Unsere nebenstehende Karte stammt aus keinem Restaurant, aber sie ist mustergültig, denn alle Speisen, die darauf verzeichnet sind, mußten bei der Gehilfenprüfung von Münchner Köchen zubereitet werden.

Herr Ober, die Karte, bitte!

Was darf ich Ihnen jetzt empfehlen, meine liebe Freundin? Also, schauen wir zuerst nach dem Hauptgericht. Wie wär's mit Rehrücken? Sie mögen heute kein Wild, bei der langen Tafel sollte es was Leichtes sein. Dann würde ich das Huhn Marengo vorschlagen. Ja? Vorspeisen passen jetzt eigentlich alle, bis auf den Geflügelsalat. Schinkenröllchen, gut! Jetzt die Suppen, Erdbeerkaltschale würde ich nicht empfehlen, und Geflügelcreme paßt auch nicht. Kraftbrühe mit Lebernockerl ist am besten. Gut. Beim Fisch rate ich zu einem gebratenen, da das Huhn gedünstet ist. Also Zander grilliert mit der Sauce tatare. Bei den Zwischengerichten nicht den Reisrand, und auch die Königinpastetchen passen kaum. Am besten und leichtesten wär der Kopfsalat braisé. Zu den süßen Sachen und großen Versuchungen: Lassen wir die ganze linke Seite aus, der Kuchen ist ebenfalls zuviel, am besten rundet dieses Essen ein geeister Fruchtsalat ab.

Jetzt zu mir: Also ich hab Appetit auf die Rindsroulade mit den Butternudeln und der Salatplatte. Vorspeisen passen dazu alle, nehme ich einen Krabbencocktail. Von den Suppen die Geflügelcreme, dann als Kontrast zu meinem Fleischgang eine Renke Müllerin, aber bitte ohne die Salatplatte, von den Zwischengerichten kann ich den Kopfsalat auch nicht brauchen, Königinpastetchen schmecken auch ähnlich wie meine Geflügelcreme, also die gefüllten Kohlrabi. Und als Süßspeise, weil wir schlemmen ja schließlich nicht alle Tage so, das Omelette Alaska! Herr Ober, bitte das wär's!

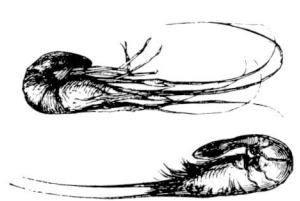

Speisekarte

Vorspeisen

Gemischte Canapés
Verschieden garnierte kalte Eier
Geflügelsalat mit Champignons
Gefüllte Tomaten »Waldorf«
Schinkenröllchen mit Spargelspitzen

Eclairs Feinschmeckerart
Heringsröllchen Hausfrauenart
Schweizer Käsesalat
Krabbencocktail
Tatarbrötchen garniert

Suppen

Kraftbrühe mit Lebernockerl
Geflügelcremesuppe

Erdbeerkaltschale
Schwäbische Festsuppe

Fischgerichte

Seezungenfilet »Walewska«,
  Schwenkkartoffeln
Forelle blau, geschlagene Butter,
  Butterkartoffeln
Renken Müllerinart, Salatplatte

Zander grilliert, Sauce tatare,
  Kartoffeln
Steinbutt überkrustet
Zander grilliert, Sc. remoulade,
  neue Kartoffeln

Zwischengerichte

Königin-Pastetchen
Reisrand Toulouser Art
Junge Kohlrabi gefüllt

Kopfsalat braisé mit Croutons
Eier in Cocotten mit Schinkenragout

Fleischgerichte

Rehrücken in Sahne, Croquettes,
  Preiselbeeren
Rindsroulade gedünstet, Butternudeln,
  Salatplatte
Filetschnitte »Wellington«
  mit Gemüse umlegt
Hammel-Curry, Butterreis, Kopfsalat
Pökelzunge in Rotwein,
  Colbert-Kartoffeln

Kalbsniere italienne, Salat
Junge Hühnchen »Marengo« mit Reis
Kalbssahnengulasch, Butterreis
Champignon-Filet, Pariser Kartoffeln,
  Salatplatte
Poularde, Wiener Apfelkompott,
  Rissolé-Kartoffeln, Salatplatte
Tournedos »Rossini«, pommes frites,
  Prinzeßbohnen

Süßspeisen

Omelett »Alaska«
Banane »Suchard«
Grieß-Flammerie

Fruchtsalat geeist
Kirschkuchen
Pfirsich Melba

Noch ein paar Gedanken zur feineren Lebensart

Gutes Essen schmeckt am besten in angenehmer Umgebung. Es muß nicht immer unter schweren Kristallüstern sein, auch beim Picknick unterm freien Himmel kann man vollendet genießen. Aber stilvoll muß es sein. Darum noch ein paar Gedanken zur feineren Lebensart. »Was die Kleidung betrifft, so erscheinen bei feineren Diners die Herren im Frack, weißer Binde etc., die Damen in großer Toilette. Bei kleineren oder Familiendiners wird der Weltmann auch stets im dunklen Gesellschaftsanzug (Gehrock) der Einladung Folge leisten.« So stand es im Vademecum für Gentlemen noch vor rund 60 Jahren, doch was ist davon geblieben? Nicht einmal mehr der dunkle Anzug ist heutzutage für festliche Gelegenheiten obligatorisch. Geschmacksverbildende Playboys haben der Jugend eingeredet, daß die Krawatte durch ein Halstuch im offenen Hemd ersetzt werden kann.

Aber noch ist nicht aller Tage Abend im Abendland. Vielleicht kommt eines Tages wieder mehr Sinn für Eleganz auf, sind alle Gäste wieder halbwegs so gut angezogen wie die Kellner. Schön wär's, wenn die Restauration im Restaurant käme und auch die guten Tafelsitten wieder Allgemeingut würden.

Wir wollen hier nicht die alten Fragen aufwärmen, ob man inzwischen Kartoffeln mit dem Messer schneiden darf und wie man den Tisch deckt, denn schlaue Büchlein mit solchen Ratschlägen bekommt heute jede Jungfer zur Hochzeit geschenkt. Einige Tafelregeln seien jedoch erwähnt.

Es ist ja jedermann bekannt, daß man beim Gedeck mit mehreren Bestecken, diese von außen her benützt. Bei den Gläsern sind die bauchigeren, niederen für den Rotwein, die höheren für Weißwein, die spitzen Kelche oder flachen Schalen für Sekt und Champagner. Bei den Servietten sind die einfach gefalteten zumeist die angenehmsten, obwohl sie, kunstvoll getürmt und gefaltet, gut ausschauen. Die Vorstellung jedoch, daß jemand allzulang mit ihnen manipuliert hat, ist manchen Gästen nicht angenehm.

Bei den Bestecken wollen wir wenigstens einige noch besonders erwähnen. Wenn Ihnen in USA beispielsweise bei der Frühstückstafel ein kleines gebogenes Messerchen serviert wird, versuchen Sie nicht, es geradezubiegen, es gehört für die Grapefruit, um damit das Fruchtfleisch herauszulösen. Ebenfalls in USA verbreitet sind die kleinen Maiskolbenhalter, mit denen man die gerösteten Kolben an beiden Enden aufspießt, dazu gibt's noch einen Maispicker. Das Schneckenbesteck besteht aus einem Halter für die Schneckenhäuser und einer zierlichen zweizinkigen Gabel. Für Austern gibt es eine breite dreizinkige Austerngabel. Weniger kompliziert als es aussieht, ist das Verspeisen von Hummern, wie wir schon gesagt haben. Helfen tut dabei eine stabile Hummernzange zum Aufknacken der Scheren und eine Hummerngabel, die an einem Ende einen schlanken Löffel und am anderen eine schlanke Gabel hat. Das Krebsbesteck ist ein kurzes stabiles Messer und eine zweizinkige kurze Gabel. Das wären so die wichtigsten Instrumente bei feinschmeckerischen Operationen.

Ein Wort noch zur Sitzordnung: Nach deutscher Sitte sitzt der Herr links von der Dame (also wo deren Herz ist, meine ich). Nach diplomatischem Protokoll oder anglo-amerikanischer Sitte sitzt er jedoch rechts von der Dame.

Erwähnen muß man noch die klassischen Arten des Service bei festlichen Diners.

Das russische Service

Es ist heute noch das gebräuchlichste. Die Suppe wird dabei in Tellern eingesetzt. Speisen der Hauptplatten werden in der Küche tranchiert, auf Platten wieder zusammengesetzt und mit den Garnituren versehen, dann von der Bedienung herumgereicht oder auch vorgelegt. Kalte Vorspeisen, Salate, Kompotte, Beilagen und Desserts werden auf die Tafel gestellt.

Das englische Service
Dabei werden die Suppen in der Terrine aufgetragen und auf Beitischen vor den Augen des Gastes in die Teller geschöpft. Die Hauptgerichte werden auf Platten unzerlegt angerichtet, präsentiert und dann auf Beistelltischen tranchiert, auf Tellern angerichtet und serviert.

Das französische Service
Beim altfranzösischen Service, das nicht mehr gebräuchlich ist, wurden die Gerichte in zwei Gängen aufgetragen, zuerst Vorspeisen, Suppe, warme Zwischengerichte, Hauptgericht und Braten, die warmen Sachen wurden auf Rechauds gestellt, die kalten in Tafelaufsätzen angerichtet. Im zweiten Gang kamen kalte Fleischplatten, kalte Zwischengerichte, Pasteten und die ganze Patisserie (Gebäck). Im neuzeitlichen französischen Service werden die Speisen nacheinander in mehreren Gängen aufgetragen, die unzerlegten Fleischgerichte werden vor dem Gast tranchiert und die kalten Speisen auf einem Buffet abseits aufgebaut. Eine Eigenart dieses Service ist, daß Gabeln und Löffel mit den Zinken bzw. der Kelle nach unten auf dem Tisch liegen.

Das amerikanische Service
Diese Art zu bedienen ist heute auch sehr weit verbreitet, denn sie ermöglicht große Rationalisierung. Dabei werden alle Gerichte auf Tellern angerichtet serviert.

Nach diesem kleinen Exkurs über Sitte und Service noch ein Blick hinter die Kulissen des Restaurants, eine kurzgefaßte Berufskunde, die den nach mehr Kenntnis strebenden Feinschmecker selbstverständlich auch interessiert.

Dank der schwarzen und der weißen Brigade ...

Der Gast, der die dienstbaren Geister im Restaurant nur für mehr oder weniger willige Trinkgeldempfänger und die Köche nur für mehr oder weniger geschickte Herdsklaven hält, ist zu bedauern. Er entbehrt das gute Gefühl, das entstehen kann, wenn man sich guten und fürsorglichen Beratern in die Hand gibt. Echte Gentlemen und wahre Gourmets entwickeln zu Kellnern und Köchen oft ein Verhältnis, das der Freundschaft näher ist als einem Dienstverhältnis. Die Zeiten sind längst dahin, da Küchenchefs an fürstlichen Höfen und in Hochfinanzhäusern besser entlohnt und selbstverständlich höher geschätzt wurden als Minister. Aber in Restaurants von Klasse gibt es noch jene Ehrerbietung für die treuen Kräfte von Küche, Keller und Restaurant, die man wahren Künstlern entgegenbringt.
Bei der noblen Gesellschaft der »Confrérie de la Chaîne des Rotisseurs« werden ihre Leistungen heute noch mit der kritischen Hochachtung gewürdigt, die sie verdienen. Bei den Diners amicaux, den freundschaftlichen Essen dieser ehrenwerten Feinschmecker-Gilde, wird nach dem Tafelgenuß die schwarze Brigade der Kellner und die weiße Brigade der Köche vor die Gesellschaft gerufen. Und einer der Gourmets würdigt das Genossene vom Aperitif bis zum Dessert, kritisiert, wo nötig, lobt und hebt die besonderen Feinheiten des Diners hervor. Wenn er entdeckt, daß in der Suppe ein Lorbeerblatt zuviel war, tadelt er, wenn er schmeckt, daß in einer Sauce genau die richtige Würze und ein passender Duft von Wein ist, so lobt er. Außerdem beurteilt er den Service.

Der große Walterspiel erzählt von Oberkellnern seiner Zeit, die auf Grund ihrer Bildung und Kenntnis nobler Lebensart wahre Herren waren, die, wenn sie selbst ausgingen, das Monokel trugen, als ob sie eine kilometerlange Ahnenreihe hätten. Dem Feinschmecker von Rang sollte nicht mehr genügen, bloß zu sagen: »Hallo, Ober, richten Sie dem Koch aus ...«, sondern er sollte mehr wissen über die komplizierten Zusammenhänge von Spezialisten in der Küche und die strenge Rangordnung im Restaurant. Wenn auch heute die Titel oft verwischt sind und die Ausdrücke nicht mehr alle nach der klassischen französischen Ordnung gelten, so wollen wir hier doch eine kleine Personalkunde einfügen und den Aufbau der schwarzen und der weißen Brigaden in einem Haus von hohem Rang nach alter Tradition aufzeigen.

Der Küchenchef (Chef de cuisine)

Er ist der Meister aller Sparten, hat im Idealfall in den berühmten Küchen in aller Welt gearbeitet, versteht von jedem Spezialfach etwas und muß neben großen Fachkenntnissen auch sehr viel Autorität besitzen. Er leitet den gesamten Betrieb der Küche, ist für Wareneinkauf, Menügestaltung, Kalkulation verantwortlich.

Der Sous Chef (Stellvertreter)

Er hat den Marschallstab im Tornister, Pardon, den Chef-Kochlöffel in der Schürze. Wie schon sein Name sagt, vertritt er den Chef und unterstützt ihn in allen Aufgaben.

Der Saucier (Saucenkoch)

Er ist in Küchen ohne Sous Chef der Stellvertreter, denn er gibt der Küche die Würze. Der Saucier ist für alle Brühen und Saucen zuständig, bereitet außerdem die Dünst- und Schmorgerichte wie Ragouts, Frikassees. Auch Rouladen und Schmorbraten fallen in seine Zuständigkeit. Der Saucier hat, bevor er Partiechef für Saucen wurde, alle anderen Sparten durchgemacht.

Der Entremetier (Gemüsekoch)

Er gilt in der klassischen Rangfolge als der nächstwichtige in der weißen Brigade, stellt Gemüse, Kartoffeln, Reis, Teigwaren, Eierspeisen, mit einem Wort alle »Entremets« her. Und es gibt ja kaum ein Gericht, das ohne diese Beilagen auf die Tafel kommt. Seine Kunst ist es, bei höchstem Wohlgeschmack und größter Frische die Gemüse zu präsentieren. In Küchen, wo es keinen eigenen Potager (Suppenkoch) gibt, stellt der Entremetier auch die Suppen her.

Der Rotisseur (Bratenkoch)

Er ist laut dem Gourmet-Papst Brillat-Savarin der größte Künstler. »Koch kann man werden, zum Rotisseur muß man geboren sein«, sagte der berühmte Gastrosoph. Der Rotisseur ist in der Küche für alle Braten und Pfannensachen zuständig. Er bedient auch die Friteuse. Seine höchste Kunstfertigkeit ist das Braten am Spieß. Es gibt allerdings in einigen großen Küchen noch eine weitere Spezialisierung, nämlich den Grillardin, den Koch am Grill.

Der Gardemanger (Koch der kalten Küche)

Er ist ein klassischer Künstler seines Fachs. Ihm obliegt die Herstellung der kalten Platten, Pasteten, Terrinen. Für ihn gilt ganz besonders, daß ein guter Koch möglichst auch ein guter Zeichner und Bildhauer sein sollte, denn seine Gerichte müssen das Auge entzücken. Der Gardemanger arbeitet eng mit dem Horsd'œuvrier, dem Vorspeisenkoch, zusammen.

Der Patissier (Konditor)
Das ist der süße Mann der Brigade. Er ist für Kuchen, Gebäck, Torten, aber auch für die süßen Pasteten, Puddings, Aufläufe, Eis und so weiter zuständig.

Das sind die wichtigsten Partiechefs, aber es gibt dann noch den Poisonnier (Fischkoch), den sehr wichtigen Boucher (Küchenmetzger), der das Fleisch herrichtet, den Régimier (Diätkoch), und ganz wichtig ist der Tournant (Vertretungskoch), der überall da einspringt, wo einer der Spezialisten gerade fehlt.

Im Restaurant gibt es folgende Rangordnung im klassischen Sinn, die aber durch amerikanische Einflüsse (der großen Hotelketten etwa) oder durch Rationalisierung auch schon häufig durchbrochen oder verändert wird.

Der Restaurantdirektor
Geschäftsführer, ›Chef de Restaurant‹, ist der Mann, der den Laden in Schwung hält. Ihm untersteht nicht nur die schwarze Brigade, sondern oft auch die Küche. Wie der Chef de Cuisine besitzt er große internationale Erfahrung, spricht selbstverständlich mehrere Sprachen. Mit einem Wort, der Gastronom von Klasse.

Der Oberkellner (maître d'hôtel oder Chef de Service)
Er vertritt im Restaurant den Direktor und ist der erste, wo kein Restaurantchef da ist. Er begrüßt und placiert die Gäste, regelt Tischbestellungen, überwacht den Service, nimmt Beschwerden entgegen und bildet die Lehrlinge aus. Spricht meistens auch mehrere Sprachen.

Chef de Rang (Revier- oder Abteilungskellner)
An einem Service von drei bis vier Tischen arbeitet er ziemlich selbständig mit einer kleinen Brigade. Berät die Gäste, übernimmt Arbeiten am Tisch wie Tranchieren, Zubereiten, Flambieren usw.

Demi Chef de Rang (Halbchef)
Unterstützt den Chef de Rang, gibt Bestellungen auf und boniert.

Commis de Rang (Gehilfe oder Jungkellner)
Er geht dem Chef de Rang zur Hand, trägt Gedecke herbei, serviert ab, was übrigens genauso wichtig ist wie die schnelle Bedienung. Nichts ist schlimmer, als wenn die Gäste lange vor Tellern mit Speiseresten sitzen.

Der Pikkolo (Lehrling)
Wie jeder Lehrling macht er alles, was man ihm anschafft (heute leider nicht mehr gebräuchlich), hilft da und dort und hält Augen und Ohren offen.

Der Sommelier (Weinkellner)
Ihn gibt es nur noch selten. Dem klassischen Sommelier untersteht der Weinservice. Oft trägt er besondere Kleidung, zum Beispiel einen grünen Schaber oder in der Schweiz auch einen Lederschurz. Häufig kommen die Sommeliers aus dem Küferoder Winzerstand. Sie haben einen großen Schlüssel als Zeichen ihrer Macht über den Keller am Schurz hängen und als Zeichen ihrer Würde an der Kette um den Hals ein kleines Silberschälchen (Tastevin) zum Probieren der Weine. Der Sommelier ist derjenige, der die Zeremonie des richtigen Weinservierens vollendet beherrschen muß und genau weiß, welcher Wein in Karaffen, welcher in Flaschen auf den Tisch kommt.

KULINARISCHE HISTÖRCHEN

Tödliche Gastronomen-Ehre

Damals hatten die Gastronomen noch Ehre, und die bestand darin, die Gäste zufriedenzustellen. Heute, wenn man sich in einem Restaurant beim Direktor über das Essen oder den Service beklagt, kann einem passieren, daß er sagt: »Gäste krieg ich immer wieder, aber vertreiben Sie mir meinen Koch und Kellner nicht!« Das waren andere Zeiten, von denen Madame de Sévigné in ihren Briefen erzählt. Vatel, Haushofmeister des Prinzen Condé, mußte nach einer königlichen Jagd in Chantilly ein Essen bereiten. Wegen mehrerer unvorhergesehener Gäste fehlte dabei an einigen Tischen der Braten. Vatel war untröstlich und sagte immer wieder: »Ich habe meine Ehre verloren, die Schande kann ich nicht überleben.« Als sich dann herausstellte, daß auch ein bestellter Fisch nicht eintraf, da verschwand Vatel. Man fand ihn später – tot. Er hatte sich mit seinem eigenen Degen durchbohrt.

Das Schwein als Präsident

Grimod de la Reynière war in der Zeit des ersten Napoleon ein großer Feinschmecker. Er schrieb geistreiche Bücher über das gute Essen und einen berühmten Almanach für Feinschmecker. Seine Diners waren berühmt. Seine Familie soll mit dem Schweinehandel unermeßlich reich geworden sein. Er verehrte das Schwein, nicht nur auf dem, sondern auch am Tisch. So setzte er einmal zu einem prunkvollen Essen mit den hervorragendsten Feinschmeckern von Paris ein Schwein an den Ehrenplatz der Tafel.

Ein buttriges Gemälde

Wie sehr Kunst und Eßkunst verwandt sind, zeigt auch der Cavaliere Puccini, während der Franzosenzeit Direktor der Gemäldegalerien von Florenz. Er liebte die bildende Kunst und gleichermaßen die Tafelkunst, und in seiner Redeweise machte er da keinen Unterschied. Als er einen Hammel à la braisé auf dem Tisch hatte, sagte er, der stamme aus der französischen Schule, und vor einem Bild meinte er, »wie schön buttrig« es sei. Sowohl vor Bildern wie vor Speisen glänzten seine Augen und lief ihm das Wasser im Mund zusammen.

Der Speisekarten-Ruf

Narischkin, der Großstallmeister der russischen Kaiserin Katharina, lud wildfremde Menschen zum Essen ein und rief ihnen vom Turm seines Schlosses die Einladung und die Speisekarte zu. Der gute Mann hatte Diners im Kreis der Familie nicht sehr gern. (Der Gründe dafür gibt es viele.) Und so stieg er dann und wann zum Aussichtsfenster seines Sommersitzes bei Petersburg und rief mit einem Sprachrohr vorbeifahrenden Kutschen zur Mittagszeit zu, doch bei ihm einzukehren, es gebe getrüffelte Poularden, gespickte Fische und dergleichen. Viele der Vorbeireisenden ignorierten die seltsame Einladung, aber andere kehrten zu, und Narischkin liebte solche Zufallsgesellschaft mehr als das ständige langweilige Essen en famille.

Von Vielfraßen

Die Geschichte ist bekannt: Der Bauernbursch, der auf Grund einer Wette zum
Mittag 25 Knödel essen soll, kann bei 23 nicht mehr. Und er meint dann treuherzig:
»Am Vormittag, wie ich's probiert hab', da ist's noch gut gangen.«
Die Geschichte kennt viele Vielfraße. In der Anatomie zu München war der Magen
eines Mannes ausgestellt, der auf einmal ein ganzes Kalb verzehrte. Im Altertum
soll Milon von Kroton, der berühmte Wettkämpfer, einen ganzen Ochsen auf seinen Schultern getragen und ihn anschließend auch noch ratzeputz verspeist haben.
Claudius Albinus verzehrte nach alten Berichten auf einmal 500 Feigen, 100 Pfirsiche, 10 Melonen, 20 Pfund Weintrauben und 100 Schnepfen. Kaiser Maximin soll
pro Tag 40 Pfund Fleisch verzehrt und mit einem Eimer Wein hinuntergespült haben. Aus jüngerer Zeit wird von dem Vielfraß Joseph Kolniker aus Passau berichtet, der, nach Vaerst, nicht anders satt wurde, als wenn er Steine unter sein Essen
mischte. In fünf Stunden soll er einmal zwei Kälber verspeist haben. Der unersätt-
liche Mann, der 1771 starb, war in seiner Jugend Soldat. Bei der Verpflegungsaus-
gabe wurde er immer für acht Mann gerechnet. Seine Steinefresserei soll ihm übrigens auch einmal das Leben gerettet haben. Bei einem Gefecht prallte eine feindli-
che Kugel an einem Stein in seinem Magen ab und brachte ihm nur eine harmlose
Hautverletzung bei.

Der Salatkünstler

Salate anzumachen, ist eine besondere Kunst. Was oft in deutschen Gasthäusern als
Salat in einer Essigbrühe und in Wasser schwimmend daherkommt, verdient den
Namen Salat gar nicht. Einer der größten Salatkünstler war der Franzose Gaudet.
Als die Französische Revolution ausbrach, dachten viele, das Ende der Eßkunst sei
da. Die ersten Lebensmittelkarten wurden eingeführt, und Robespierre war ein
magenkranker Banause. Die Noblen und Reichen emigrierten aus Frankreich, sofern nicht auf einmal die Guillotine statt der Serviette ihren Hals berührte. Zu den
Emigranten gehörte auch der vornehme Herr Gaudet. Er floh nach England und
hatte nichts bei sich als ein schwarzes Ebenholzkästchen mit seinen Utensilien zur
Salatbereitung. Im Nu sprach sich unter den vornehmen und reichen Engländern
sein Talent herum, und er wurde als der »fashionable saladmaker« in die ersten
Häuser eingeladen. Sein Talent wurde teuer bezahlt, so daß er sich bald Pferd, Wa-
gen und Diener leisten konnte.

Ein Elefantenbraten

Da schauderts den Mitteleuropäer, wenn er sich den gutmütigen Dickhäuter, den
er nur vom Zirkus, vom Tierpark oder neuerdings von der Fotosafari vielleicht sogar kennt, als Braten in seiner Küche vorstellt! Aber so abwegig ist das gar nicht.
Als der Bombenkrieg über Deutschland kam, gab es auch Schäden in den Tier-
parks. Und da kam es dann schon vor, daß ein Dickhäuter notgeschlachtet werden
mußte. Und die ausgehungerten Menschen erkannten plötzlich, daß das Fleisch
vom Elefanten gar nicht so schlecht schmeckt. Wie das vor ihnen schon der super-
reiche Baron Rothschild erfahren hatte. Er war Feinschmecker und hatte die besten
Köche seiner Zeit. Aber während der Belagerung von Paris im Krieg 1870/71 war in
der Stadt schreckliche Hungersnot. Die Menschen aßen Ratten, Katzen, Hunde,
und als es einmal Elefantenfleisch gab, zahlte Rothschild jeden Preis dafür.

The Waldorf-Astoria

PREPARED BY YOUR TABLE CHEF

CRAB MEAT MARC ANTONY 4.75
Flambe with Brandy and Marsala
Una Cosa Exsotica

STEAK DIANE 9.50

SCAMPI ALLA UMBERTO 4.50
Absolutely Fantastic

VEAL SCALOPPINE 8.25
Made as you like it

CAESAR SALAD 2.50

STEAK A LA RITA 9.75
Sauted in Butter Garlic

FRUTTI DI MARE CON RISSOTO 9.00
Fruits of the Sea with Saffron Rice

CREPES NESSELRODE 6.00
Frozen Crepes Flamed for two

PEACOCK'S FAMOUS DESSERT 7.00
Fresh Fruit Macedoine Flambe
with Brandy and Cream — for two

BANANA FLAMBE 3.00
with oranges and nuts
Special Recipe

A La Carte

APPETIZERS
Oysters 2.50   Clams 2.25   Jumbo Shrimps 3.75
Crabmeat 3.75   Melon 1.50   with Prosciutto 2.50   Caviar 3.00
Fruit Juices 1.25   Chilled Fruits 1.50   Crab Remick 4.00
Green Turtle Soup 1.95   Black Bean Soup 1.25   Consomme 1.25

SEAFOOD
Dover Sole Saute with Apple and Pecans 6.50
Broiled Scallops with Sesame Seed 7.25
Poached Bass Veronique 6.00
Broiled Boston Scrod 4.00   Fillet of Sole Grilled or Sauteed 5.50

FROM THE GRILL
Minute Steak 7.50   Small Steak 6.50
Roast Beef Au Jus 9.00   Filet Mignon 9.50
Rib Lamb Chop 5.50   Prime Sirloin 12.00
Entrees are Served with Choice of Potato and Vegetable

DIET DISH, SALADS, COLD DISHES
Bibb Lettuce 1.75   Romaine, Endives, Watercress 1.50
Spinach and Sliced Mushrooms 1.75
Caesar — Made Tableside for two 4.00
Baby Lobster 6.00   Cold Salmon 5.50
Cold Meat and Fowl 5.50   Fruit Salad, Cottage Cheese 3.00

DESSERTS
Desserts from the Wagon 1.25   Ice Cream 1.25
Fried Ice Cream 1.75   Baba with Praline Mousse 1.50
Chocolate Mousse 1.50   Sacher Torte 1.50

BEVERAGES
Savarin Coffee .75   Milk .75   Selection of Tea .75
Espresso from our Machine .90

Cover Charge 1.00   *All Prices Subject to 6% N.Y.C. Sales Tax*

Dinner for Tonight

A Mussel Salad with a Scent of Curry

French Rillettes Potted Baby Shrimps

Melons from Warmer Lands Langostino Salad with Dill

Chilled Cut Fruits Hot Timbale of Mushrooms and Snails

Pate Campagne, Julienne of Celery Quiche Lorraine

Saucisson En Croute

Puree of Black Beans Vegetable Soup

Beef or Chicken Consomme Amandine

Spinach Madrilene Dill Vichyssoise

GLAZED KERNEL OF SWEETBREAD WITH CHESTNUTS AND CELERY

GRILLED EARLY SPRING SHAD AND ROE, SORRELL SAUCE

CRISP LONG ISLAND DUCKLING, AU CITRON

MEDAILLONS OF BEEF TENDERLOIN TERYAKI

NOISETTES OF VENISON SAUTE A LA CREME, LINGONBERRIES

CAPON BREAST WITH OYSTERS IN COCOTTE

POACHED STRIPED BASS VERONIQUE

9.50

MINUTE STEAK ROAST PRIME RIB OF BEEF

RIB LAMB CHOP MIXED GRILL* FILET MIGNON*

above 2.00 additional

Cauliflower Meuniere Braised Endives Green Noodles

Baked Potato Pilaff Rice Buttered Carrots

String Beans Creamed Spinach

A SELECTION from the PASTRY WAGON

White Chocolate Cake our Specialty Gateau Paris-Brest

Swiss and French Pastries Pies Cakes

Schwarzwalder Kirschtorte Ice Cream and Sherbets

Fruit Macedoine with Kirsch or Maraschino

Waldorf-Astoria Coffee Tea Milk

Allow 20-30 Minutes to Prepare

Service 15 % non compris

Bouquet Royal
Melon du Sénégal 36
Terrine de Saint-Jacques 47
Caviar Volga 112
Grape Fruit Cocktail 25
Salade du Père Dumas 40
Truite fumée 30
Terrine Maxim's 45
Cocktail de Fruits de Mer 50
Saumon fumé 47
Rissole de Foie gras 46
Crêpes Maxim's 42
Jambon de Parme 34

Hors d'Œuvre chaud 35
Tarte aux Poireaux
Saucisson Chaud

ŒUFS

Œufs pochés en Meurette 25
Œufs brouillés aux Truffes fraîches 45
Œufs en Gelée à la Mousse de Tomate
ou aux Truffes 15
Croustade d'Œufs de Caille Maintenon 28

Belons extra 1/2 dz. 38
Fines Belons 1/2 dz. 28

Blanchaille de la Tamise 25

POISSONS ET CRUSTACES

Aspic de Saint-Jacques
à l'Estragon 45
Truite Vivante au Bleu 34
Turbot poché Hollandaise 55
Homard grillé aux Herbes 125
Brochette de Saint-Jacques 45
Coquilles Saint-Jacques
à la nage 45
Bar grillé, Sauce Moutarde 55
Suprême de Barbue
Ile de France 46
Saumon frais grillé ou poché 55
Saumon frais à l'Oseille 55
Aile de Raie, beurre noir 42

ENTREES

COTE DE BŒUF DU CHAROLAIS ROTIE, POMMES MAXIM'S, CŒURS DE CELERIS BRAISES 45
COULIBIAC DE SAUMON FRAIS DEUX SAUCES 45

Cailles au Poivre Vert 48 – Filet Strogonoff 48 – Steak Albert 58
Poularde de Bresse Grand'Mère 45 – Noisette d'Agneau à l'Estragon 65
Bécasse Flambée Empire 115 – Noisette de Venaison au Genièvre 75
Mignon de Veau au Noilly 63

GRILLADES

Entrecôte Minute 52– Côte d'Agneau 58– Paillard de Veau 46– Lamb Chop 55–

LEGUMES

Pointes d'Asperges vertes 45 – Haricots verts 20 – Fonds d'Artichauts frais 20 – Asperges vertes de Villelaure 7

DESSERTS

Tarte des Sœurs Tatin 20 – Gâteau "le Prélat" 20 – Patisserie 20 – Meringue glacée 22 – Désir de Roy 22
Sorbet aux Fruits de la Passion 26 – Sorbet au Citron vert 22 – Sorbet aux Framboises 25 – Glaces 18
Sorbet au Kiwi 26 – Glace Caramel 18 – Ananas frais 20 – Pot de Crème 12 – Crêpes Suzette 25

MAXIM'S

suggestions

Œufs de Caille au Caviar .67
Crême de Tortue blonde d'Alexandre Dumas .34
Consommé en Gelée aux Piments .25
Tourte aux Truffes fraîches (en saison) , 2 Personnes 20.0

★

Sole braisée Albert .50   Coquille Saint-Jacques au Safran 5.0
Petit Homard court-bouillonné à la Russe .125

★

Steack de Bœuf couronné relevé aux Condiments 5.8
Côte de Veau Orloff .63   Poularde aux Concombres .45
Côtes d'Agneau Grand Veneur aux deux Purées 65.
Poussin à la Champenoise .65
Caneton à la Jean Ferté , 2 Personnes 12.0

★

Crêpes Veuve Joyeuse 44
Mousse glacée à la Framboise .26

Salons pour Réceptions ★ Déjeuners et Dîners (12 à 100 couverts) ★ Cocktails (300 Personnes)

Bill of Fare

Clear Soup

Palestine Soup

Cod - oyster sauce - Soles, with fine Herbs

Quenelles of Chicken with Spinach
Sweetbreads with Peas and Truffles
Beef Gravy

Saddle of Mutton

Pheasants

Scolloped oysters

Ginger Pudding
Mince Pies
Charlotte of oranges
Jelly à la Macédoine
Fondu

Apricot Cream Ice - Orange Water Ice

MENU
in handwriting of
CHARLES DICKENS
(his signature below menu)

De ses fourneaux, Louis Outhier vous souhaite la bienvenue
et afin de faciliter votre choix, a composé votre menu

Menu à 70 f

Soupe de Poissons

Mousseline de Rascasse

Caneton au Poivre vert

Soufflé Glacé

Mignardises

Menu à 90 f

*** Brioche de Foie Gras frais

*** Turbot braisé au Champagne (à partir de 2 pers.)

Les Fromages de la Ferme

Timbale de Fraises Cardinal

Mignardises

Menu de saison 110 f
à partir de 2 personnes

~~Asperges ou~~ Melon

*** Saumon Frais Alexandra (fourré salpicon de homard)

Sorbet William

*** Pigeonneau de Bresse Souvaroff

Petits Pois Nouveaux

Salade de Mesclun

Caravane de Desserts

Mignardises

Menu à 120 f

*** Foie Gras de Canard frais

*** Loup en Croûte Fernand Point (à partir de 3 pers.)

Sorbet William

*** Selle d'Agneau rôtie au Beurre de Truffes

Pommes Darphins

Salade de Mesclun

Caravane de Desserts

Mignardises

A LA CUISINE

PFANNENGERICHTE
(Fortsetzung)

Entrecôte vom Grill
Café de Paris – Butter
Pommes frites
20.50

Entrecôte bordelaise
in Rotweinsauce mit Mark
grüne Pfefferkörner, Estragon
Pommes purée
24.50

Schweinskotelette »Pizzaiola«
in frischer Tomatensauce
Knoblauch, Olive, Sardellen
Kräuter, Röstkartoffeln, Erbsen
16.50

Frische Poulardenbrust »Jeannette«
sautiert, mit Cognac und Marsala
abgelöscht, in Rahm weichgedünstet,
Champignons, Spargel, Risi Bisi
19.75

UNSERE SPEZIALITÄTEN

Risotto alla serenissima
mit Meeresfrüchten (20 Min.)
16.50

Risotto mit weißen Trüffeln
55.–

Pfeffersteak »Madagaskar«
Pommes frites
23.50

Kalbsteak au four
mit feinem Ragoût überbacken
Stangenspargel, hollandaise
Pommes mousseline
26.50

Chicken à la king
ausgebeint, mit Whisky abgelöscht, Sahne,
rote geschälte Paprikaschoten, pikant,
Butterreis und gemischter Salat
20.50

Frische Poulardenbrust à la Kiew
ausgelöst, mit Butter gefüllt
gerollt, paniert, gebacken
Pommes purée, Salat
22.50

Kalbsfilet in Rahmsauce mit Morcheln
Butternudeln, Salat
29.50

Filet Diane
(am Tisch bereitet)
Pommes frites, Prinzessbohnen
27.50

Kalbsfilet »Alba«
in Trüffelsauce mit weißen
Piemonteserトrüffeln
Butternudeln, Salat
65.–

PLATS A LA MINUTE
(continué)

Entrecôte grillée
beurre Café de Paris
pommes frites

Entrecôte à la bordelaise
sauce au vin rouge avec dés de moëlle
grains de poivre vert, estragon
pommes purée

Côte de porc à la Pizzaiola
en sauce aux tomates fraîches, ail, olive,
anchois, herbes aromatiques, pommes
sautées, petits pois au beurre

Suprême de volaille «Jeannette»
sauté, déglacé au Cognac et Marsala,
étuvé à la crème, champignons,
asperges, risi e bisi

NOS SPECIALITES

Risotto à la serenissima
avec des fruits de mer (20 minutes)

Risotto avec des truffes blanches

Steak au poivre «Madagaskar»
pommes frites

Steak de veau au four
avec un salpicon de volaille et champignons,
gratiné, asperges en branches, sauce
hollandaise, pommes mousseline

Poulet à la king
poché, désossé, sauté au beurre
déglacé au whisky, crème double
piments rouges, lié jaunes
d'oeufs et Sherry
riz au beurre et salade mixte

Suprême de volaille à la Kiew
désossé, fourré de beurre
roulé, pané, frit
pommes purée, salade

Filet de veau aux morilles
nouilles au beurre, salade

Filet de boeuf à la Diane
préparé à table, pommes frites
haricots verts fins au beurre

Filet de veau «Alba»
à la crème àvec des truffes
blanches du Piémont
nouilles au beurre, salade

Maximilian-Stuben

GRAPHICS: C. R. ALVEY

Appetizers

Shrimp Cocktail Cardinal	5.50
Tropical Fruit Cocktail	4.50
Sliced Smoked Salmon	12.00
Smoked Ham (Raw or Cooked) with Melon, Mango, or Grapefruit	7.50
French Hors de'oeuvre from the Trolley	7.00
Filet of Imported Herring garni	6.50

Soups

Jellied Madrilene	3.50
Chilled Vichyssoise	3.50
Double Consomme	3.50
French Onion Soup	4.00
Tomato Cream Soup	3.00
Chicken, Asparagus or Mushroom Cream Soup	3.50
Original Mulligatawny Soup	3.50
Boula Boula Soup	4.00

From the Sea and Water

Curried Shrimps Oberoi	10.50
Fresh Labster Thermidor (In Season only)	11.50
Grilled Bekti or Pomfret, Sauce Diable	10.50
Filet of Pomfret Nicoise	10.50
Malabar Salmon Steak, Grilled or Poached	10.50

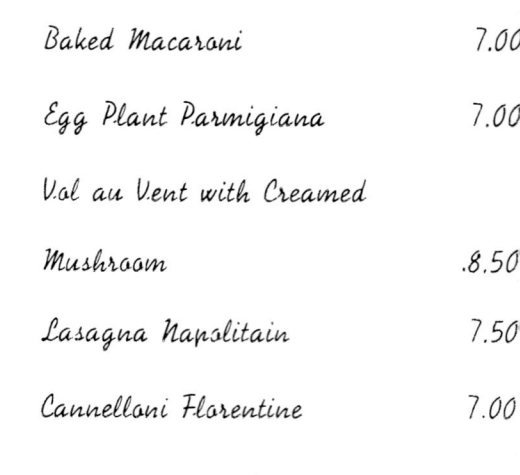

Flambees

Pepper Steak Maison	12.50
Lamb Kidneys a la Moutard	10.00
Chicken a la Taj	12.50
Sheekh Kabab Caucasian	12.50
Chicken Pimento	12.50
Sauted Chicken Singapore	12.50

Egg and Vegetarian Dishes

Spanish Omelette	7.00
Poached Eggs Florentine	7.00
Stuffed Omelette of your choice	7.00
Cheese Souffle	7.00
Baked Macaroni	7.00
Egg Plant Parmigiana	7.00
Vol au Vent with Creamed Mushroom	.8.50
Lasagna Napolitain	7.50
Cannelloni Florentine	7.00

Out from the Cold

Chicken Salad Bowl Hawaiiene	10.50
Fresh Fruit Platter	8.50
Chicken Liver Terrine	9.50
Cold Eggs a la Russe	6.50
Ham Rolls with Pineapples	8.50
Cheese and Sausage Salad	6.00
Italian Meat Salad garni	6.50

Specialities

auted Chicken aux Morilles	12.00
ol au Vent a la Reine	12.00
reast of Chicken Parisienne	12.00
inute Goulash Stroganoff	12.00
hicken a la Kiev	12.50
hicken Shashlik	15.00

From the Grill

Fillet Mignonettes with Sauted Mushrooms	10.00
Tournedos a la Mexicaine	10.00
Sizzling Minute Steak	10.00
Lamb Chops with Mint Sauce	10.00
Sizzling Chicken with fried onion rings	11.50
Chateaubriand Bouquetiere	20.00
Pork Chops Normandy	10.00
Chicken Legs Barbacue	10.00

Tandoori Chicken Half	6.75
Full	13.00
Chicken Do Piaza	7.50
Sukhi Subzi	4.00
Mattar Panir	4.00
Palak Aloo	4.00
Bangan Bharta	3.50
Gosht Walla Pillao	5.75
Peas Pillao	4.50
Dal	2.00
Raita	2.50
Dahi	2.50
Papad	1.00
Nan, Kulcha, Parantha	1.00
Chutney, Achar	1.00
Kulfi	2.50

Indian Specialities

Barra Kabab	7.00
Sheekh Kabab	6.50
Chicken Makhani	8.00
Mutton Rogan Josh	7.00

ANTIPASTI

Prosciutto di Montagnana .	250
Prosciutto cotto . . .	250
Prosciutto con fichi o melone	
Salami assortiti . .	200
Bresaola della Valtellina	250
Coppa di Sondrio . .	200
Magri assortiti al tavolo	S.Q.
Carciofi sott'olio Mancini cad.	80
Antipasto Mancini . .	S.Q.

MINESTRE

Lasagne verdi al forno	250
Minestrone di riso	150
Zuppa di verdura	150
Crema di pomodoro	150
Spaghetti alle Vongole	250
al pomodoro o pesto	180
Tagliatelle alla bolognese	180
" verdi al ragù	200
Zuppa di peoci marinara	250
Riso in bianco	180
Quadrucci in brodo piselli	150

PIATTI DEL GIORNO

Bollito misto al tavolo	S.Q.
Cotecchino o lingua e peperonata	450
Vitello alla cacciatora funghi	600
Punta di vitello al forno	600
Cimadi vit ripiena al forno	600
Scaloppine di vit ai funghi	600
Rossbeef al sangue (freddo	500
Petti di pollo Milanese	600
Nodini di vit alla salvia	600
Fegato di vit alla salvia	600
Grigliata mista Mancini	800
" " di pesce " "	800
Cervella alla milanese	600
Rognoncini di vit trifolati	600
Vitello tonnato	600
Misto freddo in gelatina	600
Cappelle di fungo milanese	600
Funghi freschi trifolati	600
Trancio di spada messinese	600
Aragosta con maionese	S.Q.

PIATTI A FARSI

Cotolette alla milanese . .	600
Piccatina di vit. al prezzemolo	600
Nodini di vitello alla salvia .	600
Scaloppine di vit. alla parmig.	600
Saltimbocca alla romana . .	600
Petti di pollo alla milanese .	600
Piccata di vit. all'oliva nera .	600
Piccata di vit. alla pizzaiola	600
Bistecche alla svizzera . .	600
Mezzo pollo alla diavola . .	700
Filetto di bue alla tartara .	600
Cervella alla milanese . .	600
Cervella al burro nero . .	600
Fegato di vitello alla salvia .	600
Fonduta alla piemontese . .	
Tartufi alla parmigiana . .	
Asparagi alla parmigiana . .	
Fegato alla veneta . . .	600

GRIGLIA CARBONE

Costata alla fiorentina . .	S.G.
Filetto di bue	600
Lombatina di vitello . .	600
Pailard di vitello . . .	600
Grigliata mista Mancini . .	800
Braciole di maiale . . .	500

FRITTI

Pollo	zucchine . . .	700
Cervella . . " " . .		700
	zucchine funghi	800

LEGUMI E VERDURE

Fagioli toscani . . .	150
Peperonata	200
Melanzane alla parmigiana	300
Cornetti in insalata	250
Zucchine trifolate	200
Insalat composta	250
verde	150
Sedano in pinzimonio	S.Q.
Insalata di pomodoro	150
Patate fritte	150

MANCINI

Ristorante

.....*dal 1912*

Roger Vergé aujourd'hui vous suggère...

Meilleur ouvrier de France 1972 . Médaille d'Or.

*Pensées Gourmandes
de Roger Vergé
Le Moulin 28-6-74*

LA SALADE DE HARICOTS VERTS FINS A LA CREME
ET AUX NOISETTES

LA SOUPE DE POISSON DE ROCHE AUX FAVOUILLES

LA TERRINE DE LOUP AUX POINTES D'ASPERGES
SAUCE MOUSSELINE

LE FEUILLETE DE TRUFFES DE GRILLON A LA CREME

LE ZEPHIR DE RIS DE VEAU AUX POINTES D'ASPERGES
ET AUX PETITS POIS FRAIS

LES ROGNONS DE VEAU AUX CELERIS A LA BORDELAISE

LES FROMAGES DE LA FERME SAINT HUBERT

LA FAISSELLE DE FROMAGE BLANC DE NORMANDIE
A LA CREME FRAICHE

* * *

L'origine de nos produits est respectée, nous les choisissons toujours avec soin, dans la meilleure qualité.
Fruits et légumes sont en partie de culture naturelle dite biologique.
Nous préférons manquer momentanément d'un produit à notre carte, plutôt que de choisir une qualité
inférieure qui risquerait de vous déplaire. Merci de votre aimable compréhension.

Les prix indiqués sont calculés par personne.
Service 15% en sus.

Vins   : 1/1 à partir de   Frs. - 1/2 à partir de   Frs.
Infusion : 2,50 Frs. - Café : 2,50 Frs. - Eau Minérale : 3 Frs.

LE MOULIN DE MOUGINS

ROGER VERGĒ , Chef de Cuisine

Über Tischgespräche

»Ich verlange die Gespräche bei Tische ebenso leicht und abwechselnd als die Speisen: jene sollen ebensowenig den Kopf wie diese den Magen drücken; die beste Probe für beide ist, wenn Kopf und Magen sich danach leicht fühlen. Man vergesse nie, daß man nicht plaudert, wenn man streitet. Ein angenehmes Kosen mit Schüsseln und Gästen ist an rechter Stelle, und wenn es jemals erlaubt ist zu sprechen, ohne sich um die Antwort zu bekümmern, so ist's hier.« Also sprach Baron Eugen von Vaerst. Und der zweite große deutsche Gastrosoph der ersten Hälfte des 19. Jahrhunderts, Herr von Rumohr, schreibt ein ganzes Kapitel über die Gemütszustände, die man während des Essens tunlichst vermeiden solle, weil sie die Verdauung beeinträchtigen und die Gesundheit so schädigen. Keine Gespräche, die zu starke Gemütsbewegungen hervorrufen, Zorn oder Beschämung, das ist seine Devise.

Unglück mit Salz

Nicht nur das Versalzen der Speisen ist ein Unglück, auch unausrottbarer Aberglaube hängt mit der wichtigsten Speisewürze zusammen. Das Umwerfen des Salzfasses galt schon bei den Griechen als ein Unglück, und von den Römern ist der Aberglaube auf uns gekommen. Dem Marschall Montreval warf man einmal ein Salzfaß über seinen Anzug. Er war furchtbar erschrocken und rief aus: »Ich bin des Todes!« Tatsächlich wurde er ohnmächtig, man brachte ihn nach Hause, und vier Tage später war er tot.

▷

Es waren nicht gerade rosige Zeiten, als man im »Schwarzwälder« Silvester 1932 feierte. Nur wenige konnten es sich leisten, elegant im Abenddreß auszugehen, auch wenn das gut komponierte Diner damals nur 5 Mark kostete. Der fromme Wunsch »Auf ein besseres 1933« am Schluß der gedichteten Speisefolge (S. 81) ging übrigens leider nicht in Erfüllung.

Schwarzwälder's
Naturweinhaus
zur Rheinpfalz·

MÜNCHEN
HARTMANNSTRASSE 8
AM PROMENADEPLATZ

ABEND-FEIER

Sylvester 1932

in

SCHWARZWÄLDERS

Naturwein-Stuben

Im oberen Raum (Traubenzimmer) Tanz!

SPEISEN-FOLGE

Parfait
von Stopfgänseleber
mit Butter und Toast

—

Mock-tourtle-Suppe

—

Filetschnitten
nach Art des Hauses

—

Sylvesterbombe

—

Feines Backwerk

Gedeck Mk. 5.—

SPEISENFOLGE:

Sylvestereinsamkeit ist schal:
Es gibt ja Trostfundgruben!
Schwarzwälder lädt darum zum Mahl
In die Naturweinstuben.

Die Stopfgans ist ein braves Tier,
Lebendig und geschlachtet:
Die frische Leber wird an ihr
Als Wunderstück betrachtet!

Nichts Bessres hat ein Koch bislang
In seinem Hirn erschnüffelt,
Als ein Parfait als Tischeingang
Aus Leber, fein getrüffelt!

Der Gang, ergänzt noch obendrein
Durch Röstbrot und durch Butter
Und überschwemmt mit Pfälzer Wein,
Ergibt ein leckres Futter!

Wie Gaumen man und Magen reizt
Vorm Hauptgang, ist nicht schnuppe:
Mit ihrer Wunderwirkung geizt
Nie die Mock-tourtle-Suppe!

Filets in Schnitten, ganz apart,
Vom Tier, dem preisgekrönten,
Bereitet nach „Schwarzwälder"-Art,
Verwöhnen die Verwöhnten!

Die einen meinen, daß Filet
Im Bordeaux besser schwimme,
Die andern glauben, daß per se
Ein Mosel dazu stimme!

Doch wer nicht klar wird, was er wähl'
Und wie er besser wander'
Zum Heil des Leibes und der Seel',
Trink beide nacheinander!!

Als feierlicher Mahlabschluß
Und obre Magenplombe
Auf den gehabten Fleischgenuß
Gilt die Sylvesterbombe!

Zum Backwerk aber läßt der Sekt
In den diversen Marken,
Der nach dem Mahl wie Nektar schmeckt,
Des Menschen Herz erstarken!

(Beda Hafen)

Ein besseres 1933

·Frankfurter Stubb·

im Hotel
Frankfurter
Hof

Frankfurt
am
Main

Derfs was Warmes sei?

	DM
Filetsteak in Pfefferrahmsoße, pommes frites, Salatteller	13,90
Hasenrückenfilet in Wacholderrahmsoße, Pfifferlinge, hausgemachte Spätzle und Preiselbeeren	14,—
Geschnetzeltes Kalbsfilet in Sahnesoße mit Pilzen, gestürzte Kartoffeln, grüner Salat	11,70
Kalbsschnitzel in Champignonrahmsoße, Butterspätzle, grüner Salat	9,40
Kalbskotelette mit frischen Champignons, Buttererbsen und Nußkartoffeln	12,20
Paniertes Schweinekotelette, Apfelrotkraut und Bratkartoffeln	7,10
Rippchen mit Sauerkraut und Kartoffelbrei	6,35
Hessischer Bauernspieß mit Röstkartoffeln	9,80
Grobe Landbratwurst mit Rotkohl und Kartoffelbrei	5,85
Gekochtes Ochsenfleisch, Frankfurter grüne Soße, Bouillonkart.	8,45
Odenwälder Sauerkrautplatte	8,95
Gekochtes Huhn auf Reissockel mit Spargelspitzen und holländischer Soße	8,60
Omelette natur	3,50

Obber e schee saftig Stick vom Rost? Aach prima

	DM
Hummerkrabben am Spieß auf Curryreis, Sauce Choron, grüner Salat	12,70
Nürnberger Rostbratwürste auf Sauerkraut, Bauernbrot	6,10
Halbes Hähnchen mit Speck, pommes frites, Salatteller	9,50
Rumpsteak	11,80
Filetsteak	13,80
Kalbssteak	11,75
Hammelrückenstück	12,80
Kleine Filets am Spieß	12,—
Gemischte Rostplatte	12,15
Kalbsnierenspieß, Champignonsalat	8,15

Zu allen Gerichten servieren wir pommes frites, grüne Bohnen o d e r Salat, eine gegrillte Tomate.
Weiterhin können Sie zwischen Kräuterbutter o d e r Sauce Béarnaise wählen.

Unsere Endpreise schließen 15% Bedienungsgeld und 11% Mehrwertsteuer ein
All inclusive prices · Prix tout compris

BRASSERIE LIPP

Ouvert jusqu'à 1 h du matin - Fermé le Lundi

151, Boulevard Saint-Germain, PARIS-VI° - Tél. LITtré 53-91

	- VINS -	Bouteille	Demie	Verre
BLANC	Anjou *(sec)*	5 »	3,25	1,50
	Traminer *(Dopff et Irion)*	9 »	6 »	
	Muscadet 1964	6 »	3,50	
ROSÉ	Sancerre Rosé 1964 ...	7 »	4 »	
	Anjou Rosé	5 »	3,25	
	Beaujolais	7 »	4 »	1,75
	Bordeaux	7 »	4 »	1,75
ROUGE	Bourgogne "Lipp" 1962	12 »	7 »	
	Bordeaux "Lipp" 1962 ..	12 »	7 »	

CHAMPAGNE DUVAL LE ROY (BRUT) *la bout.* **24 »   ½ 14 »**

Menu du   Mai 1966

Potage 2 »

HORS-D'ŒUVRE :

Caviar de Russie 22 »   Œufs de Saumon 9,35

Escargots de Bourgogne *(la douzaine)* 6,60   Saumon Fumé 11 »

> **CERVELAS RÉMOULADE** *(Spécialité)*   4,10
> **HARENG BALTIQUE BEURRE** *(Spécialité)*   4,10

Filets d'Anchois ou Harengs *avec Pommes à l'huile* 4,10

Salade 'Lipp' *(avec thon ou museau de bœuf)* 8,25 Œuf *en gelée* 3 »

Sardines *(Beurre)* 4,10   Asperges *(vinaigrette)*

Sole meunière

Jambon Parme 9,90   Pâté en Croûte *(Salade)* 8,80

Foie gras de Strasbourg, *la tranche* 16,50

> **CHOUCROUTE GARNIE** *(Spécialité)*   9,90

— PLATS DU JOUR —

GRILLADES *(Garnies aux pommes)*   ⎧ Steack   9,90
(15 minutes) *changement garniture suppl.* ⎨ Entrecôte *(pr 2 pers.)* 23,10
                                              ⎩ Mutton Chop   11 »

FROMAGES

Brie 3,85   Gruyère 3,85   Fontainebleau à la Crème 4,40
Cantal 3,85 Munster 3,85

> Roquefort Beurre : 4,40

Paris hat dutzendweise noble Restaurants mit vielen Michelin-Sternen, aber regelmäßiger Treffpunkt der Prominenz, Ort der konservativen Gastlichkeit, wo die Kellner mit bodenlangen weißen Schürzen gutbürgerliche Kost servieren, ist die berühmte Brasserie Lipp.

DESSERTS

Tarte 4,40 *(Mirabelles et Quetches ou Pommes)*	**Tentation ou Parfait**	4,10
	Sorbet	4,40
Tarte *aux Fraises*	**Melba** *Pêches ou Ananas*	4,95
	Melba *Fraises*	

Gateau Lipp

FRUITS

Pomme ou Poire 2,75   **Orange** 2,25   **Banane** 1,35

Fraises , *(à la crème)*   **Ananas** 3,85 *(au kirsch)* 4,95

	Verre Dég.
Liqueurs, Cognacs (*VSOP, Courvoisier, Logis du May*) **Armagnac**	4 »
Marc Hospices de Beaune, Wodka, Mirabelle, Kirsch, Quetch, Calvados	4,50
Cognacs (*Arbellot, Napoléon, Martell Cordon Bleu*)	5,50
Framboise Eau-de-Vie de Poires	5,50

Café 1,25 — **Décaféiné** 1,75

SERVICE NON COMPRIS
à l'appréciation de la clientèle

Am Tisch zubereitet

Flambierte Kalbsnieren
(ca. 180 g) mit Champignons
in Rahm und mit Rotwein
abgeschmeckt   E 18,50

Kidneys of veal
(approx. 180 g)
flamed with Cognac,
creamed mushrooms   E 18,50

Pfeffersteak flambiert
(ca. 180 g Rindsfilet)
mit weißem oder grünem Pfeffer   K 26,—

Flamed peppersteak
(approx. 180 g fillet of beef)
with green or white pepper   K 26,—

Beilagen nach Wahl
Reis oder Petersilienkartoffeln

Served with
rice or parsley potatoes

Aus der Schweiz

Feingeschnittene Poularden-brust „Neuchâteloise"
(ca. 200 g) in Weißweinrahmsauce,
Butternudeln   J 12,75

Sliced breast of chicken „Neuchâteloise"
(approx. 200 g) in white wine sauce,
with buttered noodles   J 12,75

Zürcher Geschnetzeltes
(ca. 150 g Kalbfleisch)
in Rahmsauce mit Röschti   J 16,50

„Zürcher Geschnetzeltes"
(approx. 150 g)
sliced meat of veal, cream sauce
with "Röschti"   J 16,50

„Appenzellerli"
(ca. 170 g Schweinesteak)
mit auserlesenen Gemüsen
garniert   E 14,75

„Appenzellerli"
(approx. 170 g, steak of porc)
choice of fresh vegetable   E 14,75

Kalbsfilet in Morchelrahmsauce
(ca. 120 g) mit Butternudeln   P 22,75

Fillet of veal
(approx. 120 g) in creamed
morel-sauce, buttered noodles   P 22,75

Basler Herrenschnitzel
(ca. 160 g Kalbfleisch)
gefüllt mit Gänseleber und
Rohschinken, mit Röschti   H 19,80

„Basler Herrenschnitzel"
(approx. 160 g cutlet of veal)
stuffed with goose-liver and ham
with "Röschti"   H 19,80

Schweizer Sahneschnitzel
(ca. 120 g Schweinerücken)
mit hausgemachten Knöpfli   E 15,25

„Schweizer Sahneschnitzel"
(approx. 120 g steak of porc)
with home-made "Knöpfli"   E 15,25

Basler Lummelbraten
ein gespicktes Rinderfilet
mit reicher Gemüsebeilage
und Pommes frites
(für 2-10 Personen)
(z. B. für 2 Personen ca. 360 g,
30 Minuten)   E 48,—

„Basler Lummelbraten"
fillet of beef with a great variety
of vegetable and french fried potatoes
(for example for 2 persons
approx. 360 g, 30 minutes)   E 48,—

Vom Salatwagen

Kopf- oder Saisonsalat   P 3,50

Lettuce or seasonal salads   P 3,50

Grill-Salat   M 4,75

Grill-salad   M 4,75

Mit Ihrer Lieblingssauce
à la Francaise . . .   sämig fein
à l' Italienne . . . Olivenöl und roter Weinessig
au Roquefort . . . rassig, mit Roquefortkäse

With your favourite dressing
à la Française . . .   creamy, spicy
à l' Italienne . . .   olive oil and red vinegar
au Roquefort . . . spicy, with Roquefort cheese

Couvert   2,50

Cover charge   2,50

WOTTEDERSCHNÄGGÄ ODER FRÖSCHÄBEY

Was werden unsre Storgen eßen,
Wañ wir die Froschen aufgefreßen

IUNG GÄNS, GÄNS.

Iung, alt, zu Waßer, Stadt u. Land,
Sind Gänse, Gänse ohn Verstand.

EPPERI, EPPERI.

Die erste, schönste, beste frucht,
Verkaufft die magd mit ehr und Zucht.

WELSCHI HÜNER!

Wem seine Welsche Hüner lieb,
Geb achtung auf den Hüner-dieb.

SCHWEIZERHOF BERLIN

Filetsteak à la Henry Miller
mit einer Spezialsauce, Kräuterbutter und Pommes frites

Tiroler Steak „Andreas Hofer"
mit Speck, Zwiebeln und Röstkartoffeln

Filetsteak „Café de Paris"
eine echte französische Spezialität

Mexikanisches Pfeffersteak „Vera Cruz"
mit gebuttertem Maiskolben

Filetsteak auf sardinische Art
mit Sardellen und Parmesan überbacken

Das Haussteak à la Wendekreis
ist eine sehr feine Sache

Chateaubriand „Maxim"
besteht aus einem doppelten Filetsteak

Entrecotê double auf Großmutterart
ist ein doppeltes Zwischenrippenstück

Das größte Steak der Welt:
Porterhouse-Steak „New York Style"

T-Bone Steak „Sioux"
ist ein riesiges Mastochsenkotelett

Das älteste
Schwabinger Bar-Restaurant
in der Herzogstr. 81
seit 1962 in Familienbesitz
Gastwirth Lothar E. Buckel
Phone 30 76 72 und 30 40 74
Mittwochs zu

88

Bey guter Speys im Wendekreis

Marco Polo (ca. 1254 - 1324) war ein adeliger venezianischer Kaufherr und Weltreisender, der schon in jungen Jahren weit in den innerasiatischen Raum vorstieß, später auch in öffentlicher Mission im Auftrag Venedigs reiste und dabei ungezählte Abenteuer erlebte.

Wegen seiner Millionen von Erlebnissen, die er zu berichten wußte (oder wegen seiner verdienten Millionen?) wurde er von seinen Zeitgenossen scherzhaft „Marco Milioni" genannt.

Marco Polo bereiste Tibet, Burma, Siam, Java, Sumatra, Ceylon und Indien, er überquerte die Wüste Gobi und weilte am Hof von Peking.

Von seinen weiten Reisen brachte Marco Polo nicht nur interessante Berichte mit, sondern auch höchst nützliche Güter, zum Beispiel geheimnisvolle Gewürze und Rezepte, kurz, er war ein profunder Kenner der fremdländischen Küche und zögerte nicht, sein Wissen der Nachwelt zu hinterlassen.

münchen hilton

Marco Polo

Eine einzigartige Auswahl
an ungewöhnlichen Brotsorten begleitet Sie auf Ihrer kulinarischen Reise:
Venezianische Grissini, Krabbenbrot, Bananenbrot und Ingwerbrot

Die Welt des Marco Polo

Kalte Vorspeisen

San Danieli Prosciutto mit sonnengereifter Melone oder frischen Feigen DM 9,50

Cocktail adriatischer Scampi DM 15,50

Feinste getrüffelte Gänseleberterrine mit Portweingelee DM 28,00

Mild gebeizter Lachs oder frisch geräucherter Schwarzmeerstör DM 17,00

Reiche Auswahl feinster Vorspeisen (für zwei Personen) DM 31,00

Iranischer Beluga Malossol Kaviar DM 28,00

Hummercocktail vom frischen Hummer
je nach Größe 100 g DM 9,—

Artischockenherzen-Salat oder Stangenspargel mit Sauce Vinaigrette DM 8,50

Warme Vorspeisen
und Zwischengerichte

Weinbergschnecken mit Knoblauchbutter und feinen italienischen Kräutern DM 8,50

Tortellini à la Venetiana,
in würziger Tomatensauce mit frisch geriebenem Parmesankäse DM 8,00

Crab Foo-Yong,
ein chinesisches Omelette mit Krabbenfleisch, Sojabohnenkeimlingen und Wasserkastanien
DM 14,50

Kantonesische Frühlingsrolle,
gefüllt mit zartem Schweine- und Geflügelfleisch, chinesischem Kohl und Sojabohnen-
keimlingen DM 6,50

Tiem Shun Pi Gwut, marinierte Spareribs DM 7,50

Shrimp Tempura,
goldbraun gebacken mit kleinen grünen Pepperoni und Pilzen DM 12,50

„Die drei Favoriten Marco Polos",
Spareribs, Frühlingsrolle und Shrimp Tempura, serviert auf einem Rechaud DM 11,00

Frische Champignons, Steinpilze und Pfifferlinge in Sherrycrèmesauce auf Toast DM 9,50

Internationale Suppen

Zuppa Pavese – klare Kraftbrühe mit Eigelb DM 4,50

Russischer Borschtsch mit saurem Rahm DM 5,50

Gratinierte Zwiebelsuppe DM 5,00

Hummercrèmesuppe „Goldenes Horn" DM 9,50

Yu-Ch'Ih-T'ang – Haifischflossensuppe DM 7,75

Won Ton Suppe – eine Hühnersuppe aus dem Reich der Mitte DM 4,50

Schildkrötensuppe mit Currysahne überbacken DM 5,50

Von Marco Polo's Wasserstrassen

Frische Seezunge in brauner Butter gebraten oder gegrillt DM 18,00
oder
filiert und zubereitet in einer Sylvaner Weißweinsauce mit Champignons DM 18,00

Gebratene Bachforelle mit Mandelsplitter und Petersilienkartoffeln DM 16,50

Pochierter oder gegrillter Salm mit Sauce Hollandaise DM 20,50

Feinster Hummer im Sud oder gegrillt, serviert mit zerlassener Butter
Preis: je nach Größe

Gegrillte Mittelmeerscampi vom Spieß DM 20,50

Aus chinesischen Provinzen

Chow Bow Yu Pien, braisierte Abalone, gedünstet mit Räucherschinken,
chinesischen Pilzen, Sellerie, Zwiebeln, Erbsen und Bambusschößlingen
mit Ingwer, Knoblauch und Sojasauce DM 18,00

Pacific Prawn Curry, ein besonders pikantes Currygericht, dazu
ein Kachumber Zwiebelsalat, Raita Sauce, Papadom und Mango Chutney DM 21,00

Kan-Shao-Nu-Lao-Jou, zartes Schweinefleisch süß-sauer,
in Erdnußöl gebacken
und mit einer delikaten süß-sauren Sojasauce verfeinert DM 16,00

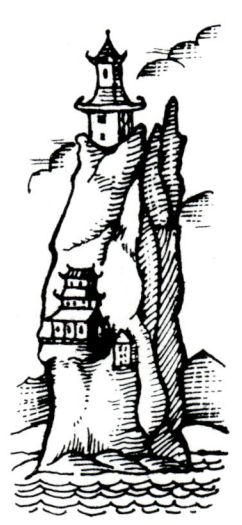

Fuji Beef, in Streifen geschnittenes Rindfleisch mit chinesischen
Pilzen und auserlesenem Gemüse gebraten, in pikanter Sauce DM 18,00

Pin-Lo, Kantonesisches Fonduegericht – feines Geflügelfleisch,
Rinderfilet, Schweinefilet, Scampi, Fischbällchen, Abalone, frische Gemüse,
Eier, Glasnudeln, chinesische Morcheln, Bohnen und gebackener Reis.
Dieses Fondue ist eine Spezialität für zwei Personen.
Pro Person DM 26,00

Exotische Gemüse

Eine Palette feinster Gemüse
Wasserkastanien, chinesische Morcheln, Sellerie, Kohl, Bambusschößlinge,
Sojabohnenkeimlinge DM 9,50

Chinesische Nudeln, gebackener oder gedünsteter Reis
werden zu allen Gerichten serviert.

Auf dem Rückweg

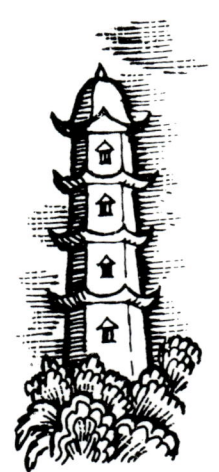

Kublai Khan Kebab, Schweinefilet mariniert mit Kümmel und garniert mit
Zwiebeln, Lorbeerblättern, Speck, roten und grünen Pfefferschoten,
flambiert mit echtem Wodka, dazu gekochte Kartoffeln in Dillsauce „Russische Art" DM 17,50

Hühnerbrüstchen à la Kiew, eine zarte Hühnerbrust gefüllt mit heißer Butter,
dazu Strohkartoffeln, Auberginen und feine Erbsen DM 16,50

Hirschmedaillon „Bayerische Art" – ein Anachronismus – rosa gebraten,
serviert mit einer Pfefferrahmsauce, Pfifferlinge, Champignons, braisiertes
Rotkraut und Münchner Kartoffelknödel DM 22,00

Filets vom Rind, Kalb und Schwein, garniert mit frischen Champignons, Pfifferlingen
und Morcheln in einer Sherrysahnesauce mit Kartoffeln „Mascotte" und Artischocken DM 21,00

Gebratene Ente, mit weißen Pfirsichen und Bienenhonigsauce, flambiert mit Apricot Brandy
DM 18,50

„Il Milione", saftiges Mastkalbsteak mit Reiswein flambiert, grüne Malabar
Pfefferkörner, in Butter sautierte Zucchini und Eiernudeln DM 19,00

Kalbsbries „Sous Cloche", in Butter gedünstet, mit Sahnemorcheln und Spargel,
Mousseline Kartoffeln und Broccoli DM 18,50

Aus Colorado
direkt für Sie importiert

Ausgewählt und importiert speziell für Ihren Gaumen,
serviert mit einer Kartoffel in der Folie gebacken, saure Sahne mit Schnittlauch
oder Pommes Frites, Sauce Béarnaise oder Champignonrahmsauce und dazu
ein köstlicher Kalifornischer Limestone-Salat.

Das sollten Sie einmal versuchen:

T-Bone Steak – das klassische Western Steak DM 29,00

Minute Steak – ein halbes Pfund DM 24,50

Olympia Steak – dreiviertel Pfund DM 34,50

Des Entdeckers Erinnerung

Eiscremes und Sorbets DM 5,50

Auswahl internationaler Käsesorten mit Grissini, Roggenbrot oder
Schwarzbrot DM 6,50

Vom Dessertwagen: Französisches Gebäck, Obsttörtchen der Saison,
auserlesene Cremes, Mousse DM 5,00

Durone di Vignola, flambierte Kirschen mit Schokoladenbiskuit und
Nougatine, Romanoff Sauce DM 8,00

Chinesische Lychees mit Vanille Eiscreme DM 5,50

Li-Tzu-Tan-Kao, Maronenpurée mit Cognac, serviert in Meringuenschale
mit Schlagsahne DM 6,00

Schokoladensoufflé oder Soufflé Drambuie (20 Minuten – für zwei Personen) pro Person DM 8,50

Frische Beeren der Saison mit Schlagsahne DM 7,00

Marco Polo's abenteuerliche Création – Kokosnuß Eiscreme mit
flambierter Kumquatsauce DM 8,00

Kaffee Marco Polo – an Ihrem Tisch zubereitet mit Orangenstreifen,
Zimt, braunem Zucker und duftendem Kaffee, flambiert mit Zuckerrohrschnaps DM 7,50

Mocca DM 4,00

Kaffee DM 3,50

„Lassen Sie sich von den fernöstlichen Weisheiten des Konfuzius
durch unsere Fortune Cookies inspirieren."

Pfefferminzbonbons.

Gedeck DM 2,00

Alle Preise in DM, inklusive 15% Bedienung und 11% Mehrwertsteuer.

Allgemein wird sich die Praxis
der Bodega española wohl
kaum durchsetzen, daß der
Gast nämlich den Betrag auf
der Rechnung einsetzen darf,
mit dem er selbst das Verzehrte taxiert. Die Innenseiten
dieser Speisekarte befinden
sich auf den Seiten 98 und 99.

Die Pünktlichkeit

»Die unentbehrlichste Eigenschaft des Kochs ist die Pünktlichkeit: auch der Gast sollte sie besitzen. Zu lange auf einen verspäteten Gast zu warten, ist eine Rücksichtslosigkeit allen Anwesenden gegenüber.« So sagt Brillat-Savarin. Und Eugen von Vaerst stimmt ihm zu: »Pünktlichkeit ist eine Haupttugend eines Kochs: eine versäumte Viertelstunde kann jedes Gericht verderben.« Er berichtet von dem berühmten Koch Jay, einem Schüler des großen Carême, der eine Anstellung beim Marquis Wellesley ausschlug, weil Mylord das Diner meist eine Stunde später verzehrte, als es angerichtet wurde. Er schlug aus, obwohl ihm der Herr eine Zulage von 1000 Franken versprach und im Fall der Invalidität weiterhin sein volles Gehalt.

Tischleindeckdich

Das berühmte Tischleindeckdich, auf dem sich der zuletzt sehr menschenscheue bayerische Märchenkönig Ludwig II. auf Schloß Neuschwanstein servieren ließ, war keine Erfindung des bayerischen Monarchen. Im russischen Zarengarten von Zarskoje-Selo befand sich in einem Schlößchen der berühmte »Tisch des Olymp«. Man schrieb seine Wünsche auf einen Zettel, und durch einen geheimnisvollen Mechanismus kam kurze Zeit darauf der reichbedeckte Tisch mit allen Genüssen, die man bestellt hatte, aus dem Boden. Als man das Tischleindeckdich einer deutschen Prinzessin vorführte und sie bat, doch etwas Ausgefallenes zu bestellen, da schrieb sie auf einen Zettel: »Ein Dutzend schwarze Haarnadeln.« Und diese kamen tatsächlich einen Augenblick später mit dem Tisch an.

Ein wahres Schaugericht

Wie sehr ein gutes Diner einer Theateraufführung ähnelt, beweist die Geschichte des französischen Kardinals Fesch. Seiner Küche wurden zwei herrliche Fische von seltener Größe angeboten. Ich glaube, es waren Steinbutte. Obwohl der Kardinal wußte, daß er für sein Diner nur einen gebrauchen konnte, nahm er zu sehr hohem Preis beide. Er wollte in Paris der einzige sein, bei dem es solche Prachtfische gab. Sein Haushofmeister beruhigte ihn und versprach, an der Tafel beide Fische zu präsentieren. Beim Diner dann schilderte der Kardinal seinen Gästen den prächtigen und einzigartigen Steinbutt in solcher Eindringlichkeit, daß den Herren buchstäblich das Wasser im Munde zusammenlief und sie es kaum erwarten konnten, den Fisch zu genießen. Die Flügeltüren gingen auf. Zwei Bediente kamen herein und trugen den Riesenfisch auf einem mit einem weißen Tischtuch überzogenen Brett. Keine Schüssel war groß genug für ihn gewesen. Alle Gäste machten Aaah und eine Sekunde später Oh mit einem Ausruf des Entsetzens, denn die Diener waren gestürzt und hatten den Fisch unter sich begraben, so daß er nicht mehr serviert werden konnte. Da rief der Haushofmeister: »Wir werden halt einen anderen bringen!« Und zum maßlosen Staunen der Gäste kam noch einmal ein solches Riesenexemplar von Steinbutt, diesmal auf die Tafel, zum allgemeinen Entzücken.

98

Die geschonte Zunge

Die größten Raffinessen und unglaublichsten Dinge erlaubten sich die alten Römer in Beziehung zum Essen. So ließ sich Phityllus aus einer dünnen Haut ein Futteral für seine Zunge machen. Das trug er Tag und Nacht. Nur wenn er aß, wurde die Hülle entfernt. Auf diese Weise, so behauptete der geschmäcklerische Römer, bewahre er seinem wichtigsten Organ die Gabe, alles fein zu schmecken, nur so habe er an seinen Lieblingsgerichten den unverfälschten Genuß.

Alles in Butter

Du Bois und Fontenelle waren im alten Frankreich als zwei Freunde bekannt, die hauptsächlich ihre Liebe zum guten Essen verband. An einem Tag saßen sie zu Tisch, um die ersten jungen Spargel zu genießen. Nur hatten sie hier verschiedenen Geschmack. Der eine wollte sie einfach mit zerlassener Butter, der andere vinaigrette, also mit Essig und Öl. Als sie in Erwartung ihrer Leibspeisen saßen, traf Fontenelle der Schlag. Die Dienerschaft bemühte sich um ihn, aber du Bois lief zur Küche und schrie: »Macht alle in Butter!«

Reklame

Ein portugiesischer Wirt brachte in seinem Lokal eine Reklame an, die seiner Meinung nach auf alle Fälle wirken mußte. Logisch! Der Text: »Wenn Sie nicht leben wollen, um zu essen, dann essen Sie wenigstens, damit ich leben kann! Wenn Ihnen meine Küche zusagt, dann kommen Sie wieder. Wenn Sie Ihnen aber nicht sehr schmeckt, dann empfehlen Sie mich Ihren Freunden. Das wäre doch ein schöner Schabernack, den man ihnen antun sollte.«

Ein Löwe aus Butter

Ein Beispiel, wie eng bildende Kunst und Küchenkunst verwandt sind, ist der berühmte Bildhauer Canova. Er war ursprünglich Küchenjunge. Was man heute noch manchmal bei großen Büffets sieht, kunstvolle Plastiken aus eßbarer Materie (jeder gute Koch sollte zeichnen und modellieren können), das war damals weithin im Gebrauch. Küchenjunge Canova fertigte sein erstes Denkmal aus Butter. Es war ein herrlicher Löwe, der als Tafelaufsatz ein glänzendes Diner des Nobile Falieri schmückte. Auf den Denkmälern Canovas in Rom, Wien und Paris sind auch immer wieder Löwen zu sehen. Allerdings in Bronze und Stein.

POISSONS

TRUITE FUMÉE SAUCE RAIFORT	**75,—**
Anguilles au vert	**80,—**
Ecrevisses « Couronne »	175,—
Sole Meunière	85,—
» Colbert	100,—
» Grillée Sauce Moutarde	100,—
» Vin Blanc	125,—
» Sans nom	125,—
» Américaine	150,—
» Dugléré	150,—
» au Caviar	175,—
Truite Meunière	80,—
» Belle Meunière	90,—
» au bleu, Beurre fondu . . .	100,—
Turbot Mousseline	95,—
» grillé Béarnaise	100,—
» Dantin	125,—
Homard froid, Mayonnaise	
» à la Nage	
» à l'Armoricaine	
» Thermidor	S. G.
» aux Aromates	
» grillé Beurre d'Anchois . .	
» New-Bourg	

VOLAILLE

Poularde grillée ou rôtie	80,—	
Poularde froide, Salade Mimosa . .	95,—	
Poularde au Riz, Sauce Suprême . .	100,—	
Special Indian Chicken Curry . . .	100,—	par personne
Vol au Vent Régence	100,—	
Poularde en « Waterzooi » . . .	110,—	
Coq au Vin	125,—	
Poularde « Couronne »	125,—	
Suprême de Volaille à la façon du Chef	150,—	
Caneton à l'Orange		
» aux Olives		
» au Porto		Selon grosseur.
» Grand'mère		
» à l'Ananas		Prière
Poularde Sautée Chasseur		de demander
» au Champagne		les prix
» grillée à l'Américaine .		aux
» à l'Estragon		Maîtres d'Hôtel
» Grand'Mère		
» au Whisky		
Pigeon Casserole	110,—	
» Grillé sauce diable	125,—	
» Casserole Grand'Mère	135,—	
» Casserole à la paysanne	135,—	

Les grillades se font au feu de bois

Agneau

	par couvert
Côtes d'agneau grillées	135,—
Carré d'agneau persillé-moutardé . . .	150,—
» » » garni	175,—

VIANDES

Mouton

Mutton Chop	115,—
Côte de Mouton Château	

Bœuf

Hamburger Steak	95,—
Rumsteak	90,—
Entrecôte	100,—
Chateaubriand	115,—
Entrecôte à l'Os	120,—
Steak au Poivre ou Provençale	110,—
» » flambé Fine Champagne	150,—
Tournedos Rossini	150,—
» Maréchal	150,—
» Henri IV	150,—

Porc

Côte de Porc grillée ou poêlée	85,—
» » Milanaise	100,—
» » Blackwell	100,—
» » à l'ananas	100,—

Veau

Escalope de Veau Viennoise	90,—
» » Holstein	95,—
Rognon de Veau sauté Madère	125,—
» » Liégeoise	135,—
» » grillé Béarnaise . . .	135,—
» » Beaugé	150,—
Ris de Veau Béarnaise	150,—
» » Clamart	150,—
» » Demi-Deuil	150,—
» » Des Ombiaux	150,—
» » Moncelet	150,—
Côte ou Steak de Veau poêlé ou grillé	100,—
» » » Paprika	115,—
» » » Grand'Mère	115,—
» » » Archiduc	125,—
Sauce Béarnaise	25,—
» Marchand de vin	25,—
» Bordelaise	25,—

103

RISTORANTE

Comparone

Piazza in Piscinula, 47

586.249

Le Minestre

Zuppa di verdura	£
Zuppa di fagioli	,,
Zuppa di cozze a piacere	,,
Quadrucci in brodo con -pisellini -	,,
Crema di pomodoro	,,
Rigatoni "Specialità" della casa,,	
Bucatini alla matriciana	,,
Tagliolini al "Comparone,,	,,
Cannelloni gratinati	,,
Fettuccine casarecce alla "Romana,,	,,
Risotto con frutti di mare	,,
Spaghetti aglio olio e peperoncino	,,

Le Pietanze

Pollo alla cacciatora con funghi £.
Grigliato di pesce al Bacio ,,
Coda alla Trasteverina ,,
Tegamino di pesce misto al
"Comparone,, ,,
Trippa di vitella alla Romana ,,
Un piccioncino alla diavola ,,
Mazzancolle alla mugnaia ,,
Bracioline di capretto alla -
- griglia ,,
Sogliola dell'Adriatico a piacere ,,
Filetto di tacchino alla -
- Cardinale ,,
Scaloppa di vitello alla -
- "Piscinula,, ,,
Bistecche di manzo o vitello
alla griglia ,,
Saltimbocca alla Romana ,,
Un pollastro casareccio-
- all'arrabbiata ,,
Frittata alla paesana ,,
Omelette a piacere ,,

Le Fritture

Crocchette di pollo con -
- zucchine o carciofi £.
Fritto misto di pesce del-
l'Adriatico ,,
Gran fritto misto alla -
- Romana ,,
Mozzarelle in carrozza ,,
Frittura vegetariana -
- secondo stagione ,,

Ortaggi e Legumi

Legumi di stagione £.
Funghi coltivati trifolati ,,
Fagioli sgranati con tonno-
- o sedano ,,
Patata di Montereale a -
- piacere ,,
Insalatina mista di stoppia ,,

BARCELONA

ESPECIALIDADES

Caracoles ... ...

Mejillones ... ...

Paella sin historia, marca "Caracoles" ..

Bullabesa ... ...

Butifarra con setas en propia cacerola ... ...

"Suquillo de pescadores", plato típico de la

    Costa Catalana ... ...

Pollo entero al Ast, con guarnición ... ...

Langosta estilo casa ... ...

SPEZIALITÄTEN

Schnecken ... ...

Miesmuscheln ... ...

"Paella", Reis Spezialgericht ohne
    Worte Marke "Caracoles" ... ...

Fisch-Spezialsuppe (Bouillabaisse)

Bratwurst mit Pilzen in irdener ...

Schüssel ... ...

«Suquillo» Fisch - Spezialgericht
    der Katalanischen Küste ... ...

Huhn vom Spiess, in Oel oder But-
    ter gebraten, nach Wahl ... ...

Languste in Teufelssauce ... ...

POSTRES	*DESSERT*	*NACHTISCH*
Fruta variada natural	Varied Fruts	Bunt frucht ... ...
Biscuit glacé superior	Ice cream	Eis-Creme ... ...
Melocotón en almíbar	Peaches with sirop	Pfirsisch in Sirup ... ...
Flan	Custard	Eierpudding ... ...
Flan al Ron	Rhum Custard	Rhum Eierpudding ... ...
Naranja con moscatel y azúcar...	Orange with moscatel and sugar	Apfelsine mit Muskatellerwein und
		Zucker ... ...
Manzana, pera	Apples, pears	Apfelsinen, Birnen ... ...
Plátanos	Bananes	Bananen ... ...
Melón, uva	Melon, grapes	Melonen, Weintrauben ... ...
Zumo de naranja	Orange juice	Orangensaft ... ...
Turrones de Jijona	Turrones de Jijona	Spanisches Marzipan ... ...
Piña	Ananas	Ananas ... ...
Queso	Cheese	Käse ... ...
Café exprés y licores	Café exprés and liqueurs	Bohnenkaffee und Marken-Liköre

 MINUTA

Consomé	Consomé	Kraftbrühe ... ...
Sopa de pescado	Fish soup	Fischsuppe ... ...
Sopa extra	Special soup	Spezial-Suppe ... ...
Sopa extra Bullabesa	Boullabaisse extra soup	"Bouillabaisse", Spezial ... ...
Canelonis	Canelonis	Fleish in Nüdelteig ... ...
Arroz	Rice	Reis ... ...
Paella	"Paella" rice, chicken and fish	"Paella", Reis-Spezialgericht ···
Macarrones italiana	Macaroni	Makkaroni ... ...
Revoltillo de tomate	Mixed Eggs Tomatoe	Rührei mit Tomaten ... ...
Tortilla con patatas	Potatoes omelet	Kartoffel Omlet ... ...
Tortilla a la paisana	Vegetables omelet	Erbsen Omlet ... ...
Huevos a la turca	Eggs "a la turque"	Eier türk. Art ... ...
Huevos fritos con patatas...	Eggs with fried potatoes	Spiegeleier mit Kartoffeln ... ...
Huevos a la flamenca	Flemish eggs	Flämisch Eier ... ...
Tortilla de jamón	Ham omelet	Schinken Omlet ... ...

Suquillo de pescador	Varied fish with sauce "Suquillo"	Suquillo, Fisch Special Gericht ...
Llobarro, estilo casa	Haddock	"Lubine", Seebarsch auf Hausart
Zarzuela	"Zarzuela" (Fishes)	"Zarzuela", Fischgericht ... ...
Calamarcitos de playa salteados .	Hot plate small Squid	Tintenfischehen gesprungen ... ...
Merluza frita o al horno	Cod (baked)	Kabeljau gebacken oder backofen .
Bacalao a la llauna	Salt Codfish "a la llauna"	Stockfisch a la casserole ... ...
Rape a la marinera	Fried cod	Seeteufeldisch nach see mannsart ...
Calamares a la romana	Squid fried	Tintenfisch, in Ei gebacken ... ...
Langostinos	Prawns	Garneelen ... ...
Lenguado	Sole	Seezunge ... ...
Filete de lenguado a la romana ...	Fried Sole	Seezunge in Ei gebacken ... ...
Lenguado a la meunière	Sole a la meunière	Seezunge a la Müllerin ... ...
Langosta, según tamaño	Lobster, according the size	Hummer nach Grösse ... ...
Gambas frescas a la plancha	Hot plate fresh Shrimps...	Frische Granaten vom Grill ... ...
Fritura de pescado	Mixed fried fish	Platte Wersch gebratener Fische ...
Parrillada de pescado	Hot plate mixed fish	Gegrillte Glasaale Fische ... ...
Angulas estilo Bilbao	Angulas style Bilbao	Bilbao Kleineaal "Angulas" ... ...
Cigalas a la plancha	Hot plate fresh Crayfish	Kleine Hummer gegrillt ... ...
Almejas a la marinera	Clams, as you desired	Weisse Muschel Mariniert ... ...

Callos a la flamenca	Tripe	Kuttelfleck auf andalusische Art .
Butifarra con setas	Sausage and mushrooms	Bratwurst mit Pilzen ... ...
Bistec con patatas	Beef Steak and potatoes	Beefsteak mit Kartoffeln ... ...
Lomo con patatas	Loin of pork and potatoes	Schweinsfilet mit Kartoffeln ... ...
Butifarra con patatas	Sausage with potatoes	Bratwurst mit Kartoffeln ... ...
Entrecot con patatas	Entrecot and potatoes	Kalbs Kotelett mit Kartoffeln ... ...
Solomillo con patatas	Sirloin and potatoes	Kalbslendenstück mit Kartoffeln .
½ pie de cerdo grillé	Grilled piq's trotters	Halber Schweinsfuss vom Grill ...
Sesos a la romana	Brains	Kalbshirn in Ei gebacken ... ...
Menudillos de pollo	Chicken's giblets	Innereien vom Hunn... ... ...
Hígado de cerdo salteado	Fried liver	Schweinsleber gebacken ... ...
1/4 de pollo con patatas	¼ Roast Chicken	1/4 Huhn, garniert ... ...
Muslo de conejo asado	Roast rabbit	Kaninchen gebraten ... ...
Media perdiz a la vinagreta	½ Vinegar partidge.	½ Rebhuhn in Essig ... ...
Judías verdes con jamón	Green beans with ham	Grüne Bohnen mit Schinken ... ...

O SKAR DAVIDSEN

AABOULEVARD 56 (HJØRNET AF GRIFFENFELDSGADE)

GRUNDLAGT 1888
TEL. 1224 & 1225

DAVIDSENS WELTBERÜHMTE »BELEGTE BROTE«
PREISLISTE

FISCH, SCHALTIERE usw. usw.	Schwarzbrot	Weissbrot	Graubrot	Knäckebrot
1. Geröstetes Weissbrot mit extrafeinem Kaviar 185				
2. Luxus-Krabben (Garnelen) pro Portion Tagespreis				
3 Luxus-Krabben, doppelt belegt (45—50 Krabben) Tagespreis				
4 Luxus-Krabben »haufenweise« (doppelt belegt m. zwei Extrareihen, 80—100 Krabben) Tagespreis				
5. Luxus-Krabben »Pyramiden-Anrichtung« (180—200 Krabben) Tagespreis				
6. ²/₂ halbweich gekochte Eier mit Majonnaise, reich belegt mit Luxus-Krabben Tagespreis				
7. Ektrafeiner, zarter Räucherlachs Tagespreis				
8. dto. mit 1 Eigelb Tagespreis				
9 dto. auf Rührei Tagespreis				
10. dto. dto. mit Sahnen-Champignons Tagespreis				
11. 1 Scheibe Brot belegt mit Püree aus frischem Räucherlachs, 1 Eigelb, Meerettich, u. Zwiebeln 215				
12. Frisch gekochter Hummer aus Frederikshavn Tagespreis				
13. dto. mit Majonnaise Tagespreis				
14. dto. mit Curry-Majonnaise Tagespreis				
15. dto. mit Spargelspitzen in Majonnaise Tagespreis				
16 dto. dto. mit Kopfsalat, Scheiben von hart-gekochtem Ei und Majonnaise Tagespreis				
17 Geröstetes Weissbrot, belegt mit ½ frischgekocht. Hummer, Kopfsalat und 1 Eigelb Tagespreis				
18. 12 halbe Krebsschwänzchen mit Dill-majonnaise Tagespreis				

Nr.		Preis				
19.	Räucheraal mit Rührei	285				
20.	dto. mit Rührei, Spinat und in Butter gerösteten Champignons	350				
21.	1 gebratenes Schollenfilet aus Frederikshavn mit Citronen-Viertelchen	175				
22.	dto. mit Remoulade	195				
23	Garniertes Schollen-Filet und 1 Scheibe Butterbrot	265				
24	Gebratenes Schollen-Filet mit Luxus-Garnitur	395				
25.	2 St. portugiesische Ölsardinen	180				
26.	1 Scheibe Butterbrot, belegt mit 1 portugiesische Ölsardine und 2 Anschovisfilets in Austersauce	190				
27.	Gabelbissen mit Zwiebelringen	120				
28.	Kartoffelsalat, Gabelbissen und feingehackte marinierte Rote Beete	140				
29	Marinierter Hering, nach des Hauses Art	120				
30.	Fisch-Frikadelle mit Kapern (dän. Spezialität)	105				
31.	dto. mit Remoulade	125				
32.	Frisch geräucherter Bückling (während der Saison »echter Bornholmer«)	170				
33.	dto. mit einem Eigelb	220				
34	dto. mit 1 Eigelb und gehackten Radieschen (»Sommer-Anrichtung«)	230				
35.	1 Scheibe Butterbrot m. Anschovisfilets, Rote Beete, 1 Eigelb, Kapern, Zwiebeln und Meerettich	165				
36.	4 entgrätete Austern-Anschovis auf 1 Scheibe Butterbrot	120				
37	dto. mit 1 Eigelb und Schnittlauch	175				
38.	dto. mit gehacktem, hartgekochtem Ei und Kapern	175				
39.	dto. mit Rührei und Schnittlauch	175				
40	1 Scheibe geröstetes Weissbrot mit 4 entgräteten Austern-Anschovis und 1 Spiegelei	175				
41.	Schwedische »Vogelnestchen« aus Anschovis	185				
42.	1 Stück gebratener Aal und 1 Scheibe Butterbrot	285				
43.	dto. dto. mit Remoulade	310				
44.	Gebackener Dorsch-Rogen, in Butter geröstet	175				
45.	dto. dto. mit Remoulade	195				
46.	dto. dto. mit 2 entgrät. Austern-Anschovis	195				

FLEISCH, GEFLÜGEL usw. usw.

Nr.		Preis				
47.	Oskar Davidsen Spezialität: P.A.A. Clipper-Sandwich (Filet-Schabefleisch, Export-Kaviar und frischer Räucherlachs)	365				
48	»Andersens Märchen«: knusprige Räucherspeck-scheiben, Tomatenscheiben, Leberpastete mit Trüffel, Aspik und Meerettich	295				
49.	»Pariser Boulette« aus Ochsenhackfleisch mit 1 Spiegelei (Spezialität des Hauses)	335				
50.	Beefsteak-Tartar (Filet-Schabefleisch)	225				
51.	dto. mit Mixed Pickles	225				
52.	dto. mit 1 Eigelb	275				
53.	Ein Oskar Davidsen Schlager: 1 Scheibe Butter-brot mit Filet-Schabefleisch, Luxus-Krabben, Scheibchen aus halbweich gekochtem Ei und Kopfsalat-Blättchen	415				
54.	Einmal etwas anderes: »Union Jack Sandwich« (Filet-Schabefleisch, belegt mit Luxus-Krabben und 1 Eigelb)	425				
55	Beefsteak Tartar mit 2 entgräteten Austern-Anschovis, 1 Eigelb, gehackten Zwiebeln oder Schnittlauch	285				

Oskar Davidsens Leckerbissen nach Metern: 120 cm ist die Smörrebröd-Karte lang, 177 verschiedene belegte Brote stehen darauf, von Nr. 1–46 Fische, Schalentiere usw., 47–92 Fleisch und Geflügel, 93 bis 126 Rauchfleisch, Schinken und Wurst, 127–161 Ei und Salate, 162–177 Käse.

Karte vom Pariser
Café de la Paix,
auf Seide gedruckt.

Festessen zum
100. Geburtstag
Friedrich von Schillers.

Das »Taillevent«, ein Pariser Restaurant von Tradition, mit Sternen ausgezeichnet, liegt im eleganten 8. Arrondissement. Guillaume Tirel, genannt Taillevent, Autor des Buches »Le Viandier«, gab dem gastlichen Haus den Namen. Die Karte mit dem vorbildlichen Angebot an Speisen und einer schier endlosen Reihe kostbarer Tropfen aus dem reichen Keller steht für höchste französische Gastlichkeit.

GUILLAUME TIREL

(1326-1395)

dit

TAILLEVENT

Bisque de Langouste : 28

Consommé aux Écrevisses en Gelée : 28   Consommé à la Queue de Bœuf : 24

Cervelas de Fruits de Mer aux Truffes et aux Pistaches (2 pers.) : 64
Foie Gras à la Gelée au Porto : 40   Terrine de Ris de Veau Truffée : 28
Terrine d'Anguille Sauce Émeraude : 28   Terrine de Brochet Curnonsky : 28
Soufflé d'Écrevisses au Beurre Blanc : 32   Huitres de Belon au Champagne : 33

Huitres de Belon OO (les six) : 30   Huitres de Belon O (les six) : 26

Saumon Fumé : 36   Caviar Frais de Russie (2 pers.) : 160
Salade de Fonds d'Artichaut au Vinaigre de Xérès : 24   Fonds d'Artichaut aux Foies Blonds : 26

Œufs en Cocotte Périgourdine : 24   Œufs Pochés en Matelote : 24   Œufs Brouillés aux Truffes : 34

Coquilles Saint-Jacques à la Nage : 32
Timbale de Langouste Lamennais : 48   Paupiettes de Sole Amphitrite : 36
Turbot au Fumet de Meursault : 36

Sole du Docteur Robine : 34   Turbotin Grillé à l'Oseille (2 pers.) : 70
Turbotin Poché aux Aromates : 35   Sole Meunière ou Grillée : 33

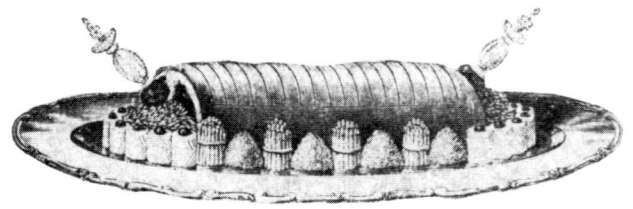 

Fricassée de Poulet aux Écrevisses : 36   Salmis de Pigeon au Vin de Bouzy : 40
Caneton de Challans au Citron (2 pers.) : 76   Selle d'Agneau Antonin Careme (2 pers.) : 78
Escalope de Veau Liègeoise : 34   Médaillons de Veau Claude Deligne : 34
Carré d'Agneau Rôti aux Trois Purées (2 pers.) : 78

Foie de Canard aux Trois Légumes (2 pers.) : 80   Rognon de Veau au Vinaigre de Vin : 42
Tournedos Sauté Bordelaise : 35   Escalopes de Ris de Veau à l'Ancienne : 40

Mixed Grill à l'Américaine : 34   Côtes d'Agneau aux deux Purées : 38
Chateaubriand Grillé Sauce Béarnaise : 36   Côte de Bœuf Grillée aux Trois Sauces (2 pers.) : 72

Truffe sous Pâte Taillevent : 60
Haricots Verts Frais : 14   Fonds d'Artichaut Favorite : 14
Epinards et Champignons à la Crème : 12   Tomates Sautées à la Provençale : 12
Salade de Saison à l'Huile de Noix ou au Vinaigre de Xérès : 10

Les Fromages de France : 10

7991

Si allé veoir en Taillevent
Ou chappitre de fricassure
(François Villon)

Service non compris (15 %)

LES ENTREMETS DE DOUCEUR

Les Fruits de Saison

Poire Pochée au Champagne : 16

Ananas Flambé à la Brésilienne : 16

Pruneaux d'Agen au Vin de Chinon : 14

Orange Soufflée à la Norvégienne : 16

Coupe de Fruits à l'Eau de Vie : 16

Soufflé à la Poire d'Alsace : 18

Soufflé au Chocolat Amer : 18

Crêpes Soufflées Sauce Sabayon : 18

Crêpes Flambées au Genièvre : 18

Sorbet aux Poires : 16

Sorbet à l'Ananas, au Citron ou aux Myrtilles : 16

Les Quatre Sorbets : 16

Glace aux Pruneaux à l'Armagnac : 16

Glace au Miel et au Chocolat : 16

Glace aux Noisettes Sauce au Caramel : 16

Succès aux Trois Parfums : 18

Mousse au Chocolat : 14

Vacherin Glacé aux Myrtilles (2 pers.) : 34

Gâteau au Chocolat Martiniquaise : 15

Charlotte aux Fruits d'Automne (2 pers.) : 34

BORDEAUX ROUGES

		Bouteille 75 cl.	1/2 bout. 37 cl.	Magnum 150 cl.
* Château Phélan-Ségur .... (St-Estèphe)	1970	42		
* Château Greysac .... (Médoc)	»	52	26	
* Château Siran.............. (Margaux)	»	52	26	
* Château Capbern-Gasqueton. (St-Estèphe)	»	52	26	
* Château Dassault .... (St-Emilion)	»	52	26	
* Château Du Tertre .... (Margaux)	»	54	27	
* Château Bouscaut .... (Graves)	»	60	30	
* Château Cap-de-Mourlin ..... (St-Emilion)	»	60	30	120
* Château Carbonnieux .... (Graves)	»	70		
* Château Gazin .... (Pomerol)	»	100	50	200
* Château Batailley.......... (Pauillac)	»	100	50	
* Château l'Angélus .. (St-Emilion)	»	100		
* Château Calon-Ségur .... (St-Estèphe)	»	100		
* Château Talbot .... (St-Julien)	»	110		
* Château Petrus .... (Pomerol)	»	230		
* Château Cheval-Blanc ... (St-Emilion)	»	260		
* Château Haut-Brion (Graves de Pessac)	»	260	130	520
* Château Phélan-Ségur .... (St-Estèphe)	1969	38		
* Château Greysac .... (Médoc)	»	48	24	96
* Château Siran .... (Margaux)	»	48		96
* Château Dassault............. (St-Emilion)	»	48	24	
* Château Gloria........... (St-Julien)	»	62		
* Château Rauzan-Gassies ..... (Margaux)	»	72	36	
* Château Nenin .... (Pomerol)	»	84	42	
* Château Pichon-Longueville-Lalande (Pauillac)	»	84		
* Château Pape-Clément (Graves de Pessac)	»	110		
* Château Cheval-Blanc ...... (St-Emilion)	»	220		
* Château Margaux ...... (Margaux)	»	220		
* Château Haut-Brion .. (Graves de Pessac)	»	220	110	
* Château Marquis-de-Terme .. (Margaux)	1967	50		
* Château Roudier .... (St-Emilion)	»	50	25	100
* Château Le Crock.......... (St-Estèphe)	»	50		
* Château Balestard-La-Tonnelle ... (St-Emilion)	»	54		
* Château Bouscaut .... (Graves)	»	58		
* Château Cap-de-Mourlin..... (St-Emilion)	»	58		116
* Château Nenin................. (Pomerol)	»	100		
* Château Léoville-Poyferré ..... (St-Julien)	»	100		
* Château Beychevelle .... (St-Julien)	»	120		
* Château La Mission Haut-Brion (Graves de Pessac)	»	240		
* Château Cheval Blanc .... (St-Emilion)	»	250		
* Château Haut-Brion (Graves de Pessac)	»	250	125	500
* Château Marquis de Terme.. (Margaux)	1966	60	30	
* Château Roudier .... (St-Emilion)	»	60	30	120
* Château Meyney........... (St-Estèphe)	»	60	30	
* Château Greysac .... (Médoc)	»	60		120
* Château Balestard-la-Tonnelle (St-Emilion)	»	66		132
* Château Cap-de-Mourlin..... (St-Emilion)	»	70		140
* Château Nenin .... (Pomerol)	»	120		
* Château l'Angelus .... (St-Emilion)	»	120		
* Château Brane-Cantenac.. (Haut-Médoc)	»	120		

		Bouteille 75 cl.	1/2 bout 37 cl.	Magnum 150 c
* Château Léoville-Poyferré ... (St-Julien)	1966	120	60	
* Vieux-Château-Certan .... (Pomerol)	»	124		
* Château Pape-Clément (Graves de Pessac)	»	124		
* Château Talbot............. (St-Julien)	»	124	62	
* Château Gruaud-Larose...... (St-Julien)	»	130	65	
* Château Ausone............. (St-Emilion)	»	250		
* Château La Mission Haut-Brion (Graves de Pessac)	»	280		
* Château Margaux .... (Margaux)	»	300		
* Château Haut-Brion.. (Graves de Pessac)	»	300	150	600
* Château Roudier............. (St-Emilion)	1964	66	33	
* Château Malartic-Lagravière (Graves de Léognan)	»	66		
* Château Meyney............. (St-Estèphe)	»	66		
* Château Balestard-La-Tonnelle ... (St-Emilion)	»	70		140
* Château Cap-de-Mourlin.... (St-Emilion)	»	74		148
* Château Rauzan-Gassies..... (Margaux)	»	90		
* Château Calon-Ségur........ (St-Estèphe)	»	120	60	240
* Château Pichon-Longueville-Lalande (Pauillac)	»	136		
* Château Talbot .... (St-Julien)	»	140		
* Château Margaux .... (Margaux)	»	300		
* Château Haut-Brion.. (Graves de Pessac)	»	300		
* Château Malartic-Lagravière (Graves de Léognan)	1962	70		
* Château Calon-Ségur........ (St-Estèphe)	»	136		
* Château Talbot............. (St-Julien)	»	140		
* Château Haut-Brion .. (Graves de Pessac)	»			600
* Château Bel-Orme.......... (Médoc)	1961	110		
* Château Greysac .... (Médoc)	»	110		
* Château Mazeyres .... (Pomerol)	»	110		
* Château Meyney .... (St-Estèphe)	»	110		
* Château Léoville-Barton ..... (St-Julien)	»	170		
* Château Pape-Clément (Graves de Pessac)	»	170		
* Château Talbot .... (St-Julien)	»	170		
* Château Calon-Ségur.... (St-Estèphe)	1959	180		
* Château Pichon-Longueville-Lalande (Pauillac)	»	190		
* Château Lynch-Bages.... ... (Pauillac)	»	190		
* Château Talbot............. (St-Julien)	»	190		
* Château Gruaud-Larose..... (St-Julien)	»	200		
* Château Haut-Brion .. (Graves de Pessac)	»	800		1600
* Château Beychevelle........ (St-Julien)	1957	160		
* Château Haut-Brion .. (Graves de Pessac)	»			1000
* Château Lafite-Rothschild ... (Pauillac)	»	500		
* Château La Clotte .... (St-Emilion)	1955	130		
* Château Lanessan.......... (Médoc)	»	130		
* Château Bellevue .... (St-Emilion)	»	130		
* Château A la Grâce de Dieu . (St-Emilion)	»	130		
* Château Calon-Ségur....... (St-Estèphe)	»	200		
* Château Margaux .... (Margaux)	»	900		
* Château Latour .... (Pauillac)	»			180
* Château Haut-Brion .. (Graves de Pessac)	»	900		180
* Château Lafite-Rothschild ... (Pauillac)	»	900		
* Château Mazeyres .... (Pomerol)	1953	160		

TAILLEVENT

BORDEAUX BLANCS

		Bouteille 75 cl.	1/2 bout. 37 cl.	Magnum 150 cl.
Château Margaux .... (Margaux)	1953	900		
Château Haut-Brion .. (Graves de Pessac)	»	900	1 800	
Château Lafite-Rothschild ... (Pauillac)	»		1 800	
Château Latour .... (Pauillac)	1952	600	1 200	
Château Haut-Brion .. (Graves de Pessac)	»	600		
Château Cheval-Blanc....... (St-Emilion)	1950	400		
Château Lafite-Rothschild ... (Pauillac)	1950	400		
Château Figeac.............. (St-Emilion)	1949	300		
Château Haut-Brion .. (Graves de Pessac)	»	900	1 800	
Château Lafite-Rothschild ... (Pauillac)	»		1 800	
Château Lascombes .... (Margaux)	1948	300		
Château Haut-Brion .. (Graves de Pessac)	»	900		
Château Pavie.............. (St-Emilion)	1947	300		
Château Haut-Brion .. (Graves de Pessac)	»			
Château Lafite-Rothschild.... (Pauillac)	»			
Château Haut-Brion .. (Graves de Pessac)	1945		1 800	
Château Lafite-Rothschild.... (Pauillac)	»		1 800	
Château Nenin .... (Pomerol)	1937	300		
Château Latour .... (Pauillac)	»	800	400	
Château Haut-Brion .. (Graves de Pessac)	»	800	1 600	
Château Lafite-Rothschild ... (Pauillac)	»	800		
Château Margaux .... (Margaux)	1934	900		
Château Haut-Brion .. (Graves de Pessac)	»	900	450 1 800	
Château Lafite-Rothschild ... (Pauillac)	»	900	1 800	
Château Durfort-Vivens ..... (Margaux)	1929	400		
Château Margaux .... (Margaux)	»	1000		
Château Haut-Brion .. (Graves de Pessac)	»	1000	2 000	
Château Citran .... (Médoc)	1928	400		
Château Balestard-La-Tonnelle (St-Emilion)	»	400		
Château Haut-Brion .. (Graves de Pessac)	»	1000		
Château Haut-Brion .. (Graves de Pessac)	1926	900		
Château Haut-Brion .. (Graves de Pessac)	1919	1100	2 200	
Château Lafite-Rothschild ... (Pauillac)	»	1100		
Château Latour .... (Pauillac)	1918	1100		
Château Margaux .... (Margaux)	»	1100		
Château Haut-Brion .. (Graves de Pessac)	»	1100		
Château Lafite-Rothschild ... (Pauillac)	»	1100		
Château Haut-Brion .. (Graves de Pessac)	1911	900		
Château Lafite-Rothschild ... (Pauillac)	»	900		
Château Lafite-Rothschild ... (Pauillac)	1906	1200		
Château Haut-Brion .. (Graves de Pessac)	1898	1200		
Château Lafite-Rothschild ... (Pauillac)	»	1200		
Château Lafite-Rothschild ... (Pauillac)	1897	1200		
Château Lafite-Rothschild ... (Pauillac)	1895	1200		
Château Lafite-Rothschild ... (Pauillac)	1892	1300		
Château Ducru-Beaucaillou .. (St-Julien)	1890	800		
Château Lafite-Rothschild ... (Pauillac)	1886	1500		
Château Lafite-Rothschild ... (Pauillac)	1869		3 000	
Château Lafite-Rothschild ... (Pauillac)	1865	2000		
Château Lafite-Rothschild ... (Pauillac)	1846	2600		
* Château Bouscaut........... (Graves)	1972	60		
* Château Haut-Brion.. (Graves de Pessac)	1971	160		
* Château Olivier .... (Graves)	1970	50		
* Château Rieussec........... (Sauternes)	»	70	35	
* Château Haut-Brion.. (Graves de Pessac)	»	180		
* Château Rieussec .... (Sauternes)	1969	60		
* Château Climens .... (Barsac)	1967	60		
* Château Rieussec .... (Sauternes)	»	70		
* Château d'Yquem .... (Sauternes)	1966	240	120	
* Château Carbonnieux .... (Graves)	1964	60		
* Château Suduiraut.......... (Sauternes)	»	80		
* Château Rieussec .... (Sauternes)	1961	90		
* Château Coutet .... (Barsac)	1960	50		
* Château Bouscaut........... (Graves)	1959	80		
* Château Rieussec .... (Sauternes)	1957	90		
* Château d'Yquem .... (Sauternes)	1955	300		600
* Château d'Yquem .... (Sauternes)	1953	300		
* Château d'Yquem .... (Sauternes)	1950	270		
* Château d'Yquem .... (Sauternes)	1949	320		
* Château d'Yquem .... (Sauternes)	1948	320		
* Château d'Yquem .... (Sauternes)	1947	320		
* Château d'Yquem .... (Sauternes)	1945	340		
* Château d'Yquem .... (Sauternes)	1942	300		
* Château Guiraud ...... (Sauternes)	1937	140		
* Château Climens .... (Barsac)	1929	160		320
* Château d'Yquem .... (Sauternes)	»	400		
* Château Filhot .... (Sauternes)	1928	160		
* Château Suduiraut .... (Sauternes)	»	160		
* Château d'Yquem .... (Sauternes)	1924			800
* Clos Haut-Peyraguey........ (Sauternes)	1921	200		
* Château Coutet .... (Barsac)	»	200		
* Château d'Yquem .... (Sauternes)	1919	500		
* Château Rayne-Vigneau .... (Sauternes)	1914	180		
* Château Suduiraut .... (Sauternes)	»	200		
* Château d'Yquem .... (Sauternes)	»	480		
* Château Coutet............ (Barsac)	1913	180		
* Château d'Yquem .... (Sauternes)	»	480		
* Château Guiraud .... (Graves)	1911	180		
* Château Suduiraut .... (Sauternes)	1909	200		
* Château Lafaurie-Peyraguey . (Sauternes)	1908	200		
* Château d'Yquem .... (Sauternes)	»	600		
* Château Coutet............ (Barsac)	1904	220		
* Château d'Yquem .... (Sauternes)	»	600		
* Château Suduiraut .... (Sauternes)	1900	220		
* Château d'Yquem .... (Sauternes)	»	620		
* Château d'Yquem .... (Sauternes)	1893	700		
* Château d'Yquem .... (Sauternes)	1874	900		
* Château d'Yquem .... (Sauternes)	1869	1 000		

* L'astérisque indique la mise authentique au Château.

BOURGOGNES ROUGES

	Bouteille 75 cl.	1/2 bout. 37 cl.	Magnum 150 cl.
* Chorey-lès-Beaune 1971	46		
* Savigny « Champ Chevrey » .... »	48		
* Gevrey-Chambertin .... »	52		
* Aloxe-Corton .... »	54		
* Beaune « Clos du Roi » .... »	56		
* Nuits-Saint-Georges « Les Saint-Georges » »	60	30	
* Pommard « Rugiens » .... »	78		
* Chambolle-Musigny « Les Amoureuses » . »	110		
* Bonnes-Mares .... »	110		
* Château Corton-Grancey .... »	120		
* Chambertin « Clos de Bèze » .... »	140		
* Gevrey-Chambertin 1970	54	27	
* Aloxe-Corton .... »	56		
* Beaune « Clos du Roi » .... »	58		
* Volnay « Champans » .... »	58	29	
* Volnay « Bousse d'Or » .... »	58	29	
* Nuits-Saint-Georges « Les Saint-Georges » »	64	32	
* Clos de la Roche .... »	70		
* Pommard « Rugiens » .... »	80		
* Clos Vougeot .... »	110		
* Chambolle-Musigny « Les Amoureuses ».. »	120		
* Bonnes Mares .... »	120		
* Château Corton-Grancey .... »	130		
* Chambertin « Clos de Bèze » .... »	150		
* Romanée Saint-Vivant .... »	180		
* Richebourg .... »	200		
* Blagny « La Pièce sous le Bois » 1969	46		
* Savigny « Champ Chevrey » .... »	54		
* Charmes-Chambertin .... »	68		
* Nuits-Saint-Georges « Les Saint-Georges » »	70	35	
* Clos de la Roche .... »	74		
* Vosne-Romanée « Genévrières » .... »	74		
* Pommard « Epenots » .... »	82		
(1) Hospices de Beaune « Corton »........ »	100		
(Cuvée Docteur Peste)			
* Clos Vougeot .... »	120	60	
* Richebourg .... »	240		
* Volnay « Clos des Ducs » 1966	70		
* Nuits-Saint-Georges « Boudots » .... »	74		
* Vosne-Romanée « Beaumonts » .... »	80		
* Pommard « Epenots » .... »	84		
* Clos Vougeot .... »	130		
* Richebourg .... »	260		
* Morey-St-Denis « Les Echezeaux ».... 1964	80		
* Volnay « Champans » .... »	80		
* Nuits Saint-Georges « Les Pruliers » ..... »	84		
* Clos de la Roche .... »	86		
* Vosne-Romanée « Beaumonts » .... »	86		
(2) Hospices de Beaune « Beaune »........ »	100	50	
(Cuvée Guigone de Salin)			
* Romanée Saint-Vivant .... »	240		
* Pommard « Rugiens » 1962	100		
* Chambolle-Musigny « Derrière-la-Grange » ... »	100		
* Gevrey-Chambertin 1961	120		
* Chambolle-Musigny « Derrière-la-Grange ».... »	126		
* Clos de la Roche .... »	130		
* Pommard « Epenots » .... »	130		
* Romanée Saint-Vivant .... »	260		
* Morey-St-Denis « Les Echezeaux » 1959	120		

	Bouteille 75 cl.	1/2 bout. 37 cl.	Magnum 150 cl.
* Chambolle-Musigny « Les Fremières » ... 1959	140		
* Pommard « Epenots » .... »	140		
* Clos de la Roche .... »	140		
* Beaune-Grèves .... »	140		
* Latricières-Chambertin .... »	140		
* Romanée Saint-Vivant................ »	270		
* Blagny « La Pièce sous le Bois » 1955	120		
* Volnay « Caillerets » .... »	120		
* Nuits Saint-Georges « Les Pruliers » ..... »	140		
* Clos Vougeot .... »	220		
* Chambertin .... »	260		
* Blagny « La Pièce sous le Bois » 1953	120		
* Richebourg 1952	400		
* Nuits St-Georges «Clos des Porrets Saint-Georges› 1950	140		
* Chambertin « Domaine Marion » ... . »	200		
* Clos de la Roche.................... 1949	260		
* Romanée St-Vivant 1948	260		
* Monthelie-sous-la-Velle 1947	120		
* Fixin « Clos de la Perrière » .... »	120		240
* Volnay « Clos du Verseuil » 1945	140		
* Pommard « Epenots » .... »	170		
* Gevrey-Chambertin « Domaine Marion » . »	170		
* Volnay « Clos des Chênes » .... »	170		
* Nuits St-Georges « Les Vaucrains » ...... »	200		
* Mazis-Chambertin .... »	200		
* Corton « Bressandes » .... »	220		
* Chambertin « Domaine Marion » .... »	280		
* Château Corton-Grancey 1942	110		
* Château Corton-Grancey 1940	100		
* Richebourg .... »	200		400
* La Tâche .... »	200		
* Romanée-Conti .... »	200		
* Grands-Echezeaux 1938			800
* La Tâche .... »	400		
* Richebourg .... »			800
* Clos de la Roche.................... 1937	200		
(3) Hospices de Beaune « Beaune » (Cuvée Brunet) »	200		
* Mazis-Chambertin .... »	200		
* Beaune « Grèves » 1934	240		
* Volnay « Clos des Ducs » .... »	240		
* Mazis-Chambertin .... »	240		
* Nuits St-Georges « Les Vaucrains » ...... »	240		
* Charmes-Chambertin .... »	240		
* Beaune « Grèves » 1929	300		
* Chambertin .... »	400		
* Romanée « St-Vivant » 1915	300		
Chambertin .... »	500		
Chambertin 1911	600		

(1) Adjudication de Novembre 1969.
(2) Adjudication de Novembre 1964.
(3) Adjudication de Novembre 1937.

* L'astérisque indique la mise authentique au Domaine.

OURGOGNES BLANCS

		Bouteille 75 cl.	1/2 bout. 37 cl.	Magnum 150 cl.
Pouilly-Fuissé « La Frérie »	1971	40	20	
Meursault	»	44		
Chablis	»	46	23	
Puligny-Montrachet	»	54		
Meursault-Charmes	»	54	27	
Chassagne-Montrachet « Morgeot »	»	60		
Nuits-Saint-Georges « La Perrière »	»	70		
Chevalier-Montrachet	»	100	50	
Corton-Charlemagne	»	110		
Meursault-Blagny	1970	52		
Meursault-Charmes	»	58	29	
Chassagne-Montrachet « Morgeot »	»	64		
Beaune « Clos des Mouches »	»	100	50	
Batard-Montrachet	»	100	50	
Chevalier-Montrachet	»	110	55	
Corton-Charlemagne	»	130		
Meursault	1969	50		
Chablis « Grenouille »	»	52		
Meursault-Blagny	»	56		
Meursault-Perrières	»	62		
Chassagne-Montrachet « Les Ruchottes »	»	70		
Hospices de Beaune « Meursault-Charmes » Cuvée Bahezre de Laulay	»	100		
Beaune « Clos des Mouches »	»	110		
Bienvenues Batard-Montrachet	»	120		
Batard-Montrachet	»	120		
Corton-Charlemagne	»	140		
Puligny-Montrachet « Les Chalumeaux »	1967	70		
Meursault	1966	54		
Chablis « Les Preuses »	»	60		
Bienvenues Batard-Montrachet	»	140		
Corton-Charlemagne	»	160		
Meursault	1964	60		
Chassagne-Montrachet « Morgeot »	»	70		
Meursault	1962	60		
Meursault-Blagny	»	66		
Meursault	1961	68		
Meursault-Blagny	1960	44		
Puligny-Montrachet	1919	200		
Meursault	1906	240		
Meursault	1904	260		

INS DU JURA

OSES

Arbois	1972	32		

ANCS

Arbois	1972	32		
Château Chalon	1966	90		
Arbois « Jaune »	1964	100		
Château Chalon	1962	100		
Arbois « Jaune »	1961	120		
Arbois	1949	160		
Arbois	1928	300		

COTES DU RHONE

		Bouteille 75 cl.	1/2 bout. 37 cl.	Magnum 150 cl.
ROSE				
* Tavel	1973	34		
ROUGES				
* Châteauneuf-du-Pape (Domaine de Mont-Redon)	1970	46	23	
* Châteauneuf-du-Pape (Château Fortia)	»	46		
* Côte Rôtie	»	60		
* Châteauneuf-du-Pape (Château Fortia)	1969	46		
* Côte Rôtie	»	60		
« Châteauneuf-du-Pape (Domaine de Mont-Redon)	1967		25	
* Hermitage	»	60		
* Côte Rôtie	»	66		
* Châteauneuf-du-Pape (Domaine de Mont-Redon)	1966	56	28	
* Châteauneuf-du-Pape (Domaine de Mont-Redon)	1964	60		
* Châteauneuf-du-Pape (Domaine de Mont-Redon)	1961	70		
* Châteauneuf-du-Pape (Domaine de Mont-Redon)	1959	80		
* Châteauneuf-du-Pape (Domaine de Mont-Redon)	1955	100		
* Châteauneuf-du-Pape (Domaine de Mont-Redon)	1953	110		
* Hermitage	1945	150		
* Hermitage	1938	130		
* Hermitage	1937	180		
BLANCS				
* Hermitage	1971	52		
* Châteauneuf-du-Pape (Château Fortia)	1970	46		
* Châteauneuf-du-Pape (Domaine de Mont-Redon)	1969	48		
* Hermitage	»	60		
* Hermitage	1966	64		

ALSACE

		Bouteille 75 cl.	1/2 bout. 37 cl.	Magnum 150 cl.
* Riesling « Kaefferkopf »	1973	36	18	
* Gewurztraminer	»	38	19	
* Sylvaner	1971	34		
* Pinot Noir	»	34		
* Tokay	1969	34		
* Muscat	1967	36		

BEAUJOLAIS

Chiroubles	1973	32		
* Brouilly	»	34		
* Morgon	»	34		
* Moulin-à-vent	1972	34		

* L'astérisque indique la mise authentique au Domaine.

COTEAUX DE LA LOIRE

		Bouteille 75 cl.	1/2 bout. 37 cl.	Magnum 150 cl.

BLANCS
* Sancerre « Clos de la Terre des Anges » .	1973	34	17	
* Pouilly-sur-Loire Blanc Fumé	»	34		
* Quincy	1972	28		
* Savennières «Coulée de Serrant»	1969	46		

ROUGE
* Sancerre « L'Orme au Loup »	1971	36	
* Chinon	»	34	

CHAMPAGNE

Coteaux Champenois

Blanc de Blancs de Chardonnay	56
* Bouzy (Rouge)	66

Deux Grands Crus de Champagne

* Grand Cru de Cramant (Blanc de Blancs), brut.		60	30	120
* Clos des Goisses (Blanc de Noirs), brut..	1966	90		

Les Grandes Marques de Champagne

La bouteille . . . . de	60 à	140

Une carte spéciale des grandes marques de Champagne est à la disposition de notre clientèle.

LES EAUX-DE-VIE

Le verre dégust. 7 cl.

DE COGNAC
* Grande Fine Champagne V.S.O.P.		16
* Grande Fine Champagne Réserve Spéciale		20
* Grande Fine Champagne Fontveille		24
* Grande Fine Champagne « Gaston-Briand » . . .		30

D'ARMAGNAC
* Bas-Armagnac « Château de Briat »	1934	26
* Bas-Armagnac « Château de Briat »	1928	30
* Bas-Armagnac «Domaine de Jouanda» . .	1919	40
* Bas-Armagnac « Château de Briat »	1904	46

DE NORMANDIE
* Calvados	1945	20
* Calvados	1937	24
* Calvados	1921	30

DE MARC
Marc de Bourgogne	20
Marc de Champagne	20
Marc de Franche-Comté	20
Marc de Gewurztraminer.	20

BLANCHES
Quetsch	18
Mirabelle	20
Kirsch	20
Framboise	24
Poire	26

LIQUEURS DE MARQUE.	16/26

* L'astérisque indique la mise authentique au Domaine.

Bei der Karte vom »Taillevent« war es eine süße Qual der Wahl, bei dem gegenüberstehenden japanischen Speisezettel ist die Bestellung auch nicht gerade leicht.

金漢餐廳

三味　湯

光

- 上湯浸雞
- 芽菜尤魚
- 勝水及第

四味　湯

光

- 上湯浸雞
- 芽菜尤魚
- 勝水及第
- 皮羅排骨

五味　湯

焗元

- 上湯浸雞
- 芽菜尤魚
- 勝水及第
- 波羅排骨
- 老蔥牛肉

六味　湯

鈕元

- 上湯浸雞
- 芽菜尤魚
- 勝水及第
- 波羅排骨
- 老蔥牛肉
- 菊心生肚

經濟時飯

- 菜遠牛肉、飯
- 上湯浸亞雞、飯
- 崇菜尤魚、飯
- 勝水及第、飯
- 青豆叉燒旦、飯
- 老蔥牛肉、飯
- 蚝油三然、飯
- 豉汁排骨、飯
- 豆角牛肉、飯
- 蒲荇小炒、飯
- 菜心吊尤、飯
- 冬菰鳴珠飯旦

121

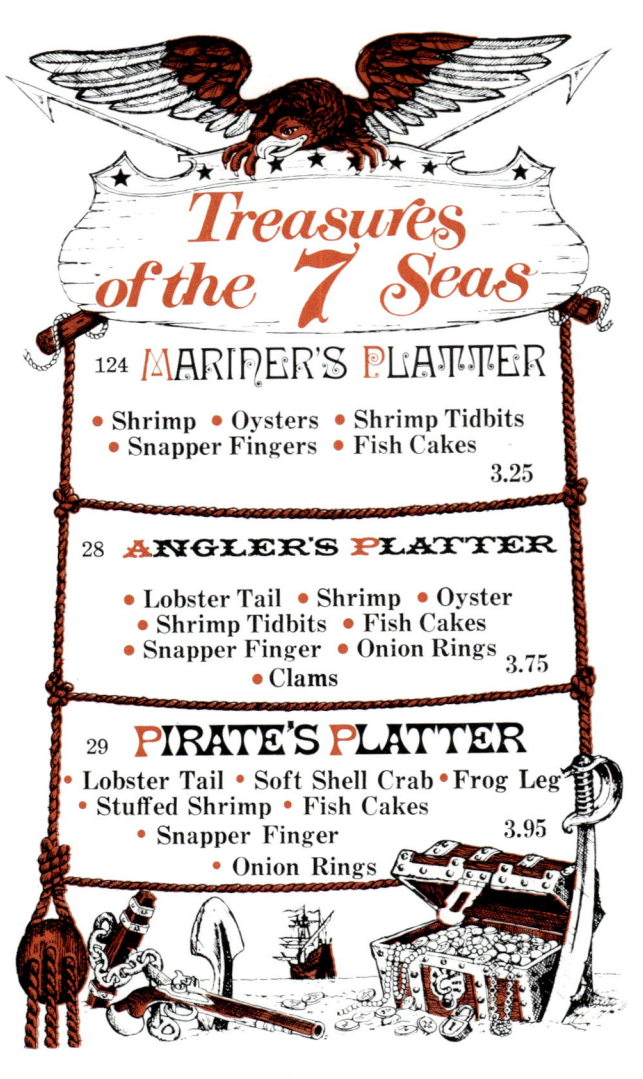

Treasures of the 7 Seas

124 MARINER'S PLATTER

- Shrimp • Oysters • Shrimp Tidbits
- Snapper Fingers • Fish Cakes

3.25

28 ANGLER'S PLATTER

- Lobster Tail • Shrimp • Oyster
- Shrimp Tidbits • Fish Cakes
- Snapper Finger • Onion Rings
- Clams

3.75

29 PIRATE'S PLATTER

- Lobster Tail • Soft Shell Crab • Frog Leg
- Stuffed Shrimp • Fish Cakes
- Snapper Finger
- Onion Rings

3.95

All Time Favorites

33 SNAPPER FINGERS		2.50
35 LYNNHAVEN OYSTERS		2.95
Fried in their own succulent juices.		
46 ROAST OYSTER COMBINATION		2.95
Rockefeller - Casino - Bienville.		
36 FROGS' LEGS (half pound)		2.95
Golden fried.		
34 FRIED IPSWICH CLAMS		2.95
Fresh . . . dipped in egg batter.		
31 FRIED SEA SCALLOPS		3.75

Broiled Steaks of the Sea

Superb seafood, broiled to perfection, subtly seasoned and brushed with creamery butter.

38 SPANISH KING MACKEREL		2.50
39 NEW JERSEY FLOUNDER		**2.95**
66 SNAPPER COMBINATION		2.95
Snapper, Trout, Mackerel.		
128 SNAPPER WITH GREEN SAUCE		3.50
Our own famous Spanish recipe.		
42 GENUINE SNAPPER		4.50

Crabmeat

65 MARYLAND CRAB CAKES		2.50
64 BAKED BALTIMORE DEVILED CRAB		2.95
Artfully spiced with mayonnaise and pimento.		
59 CRABMEAT AU GRATIN		3.50
In our own secret sauce with imported cheese.		
69 BAKED BALTIMORE CRAB IMPERIAL		**3.50**
Cream sauce with sherry wine and capers.		
129 SOFT SHELL CRABS		3.95
Deep fried to seal in the juices.		
84 BAKED ALASKAN KING CRAB LEGS		4.75
Baked in shells with our own seasoning.		

Lobster

60 (LANGO) SHRIMP AU GRATIN		2.95
55 MAINE LOBSTER A LA NEWBURG		4.75
Blended in rich sherry wine.		
112 DUKE'S MIXTURE		5.75
One-half stuffed Florida Lobster, Oyster Rockefeller, Oyster Casino, Stuffed Clam, Deviled Crab.		
78 DANISH LOBSTER TAILS, BROILED		5.95
76 BROILED FLORIDA LOBSTER		6.50
Heapingly filled with our crabmeat stuffing.		
77 SOUTH AFRICAN LOBSTER TAILS		5.95
75 BROILED LIVE MAINE 123 LOBSTERS		**PRICED TO SIZE**
Flown in daily . . the ultimate in seafood.		

All seafood entrees served with choice of baked potato or French fries, corn fritter, hush puppy, bucket of creamy cole slaw and basket of homemade hot rolls from our own bakery.

NEW ENGLAND OYSTER HOUSE

Sea-Fare

Same Family Ownership Since 1946

Speis und Trank

Festschmaus

Erstes Kapitel
der Chaine de Rôtisseurs
München am 7. Mai 1960

Münchner Gaumentratzerl
Amuse-palais Munichois

Lebernockerlsuppe
Le bouillon aux quenelles de foie

Starnberger Renke am Steckerl
L'omble à la brochette «Lac Starnberg»

Althairische Schmankerln v. Spiess
Toutes les richesses du terroir
à la broche

Kaiserschmarrn
Le kaiserschmarrn

Confrérie de la Chaîne des Rôtisseurs, eine weltweite Vereinigung der Gastronomie.

Apéritifs sur la Terrasse

Löwenbräu Export vom Fass

1959er **Escherndorfer Lump** Silvaner
Wachstum Fröhlich

1959er **Gimmeldinger Meerspinne**
Riesling-Orig. Abf. Johannitergut b.

1959er **Würzburger Pfaffenberg** natur
Rotwein - Orig. Abf. Bürgerspital
zum hl. Geist

Champagne Taittinger Brut
kredenzt vom Kellermeister
des Confrère Taittinger aus Reims

Café - Ettaler Klosterlikör

HOTEL IMPERIAL
WIEN

Menu:

Hausgemachte Rehpastete
Waldorfsalat
Sauce Oxford

Champignonconsommé

Kalbsmédaillons «Toscana»
Schloßkartoffeln
Salate der Saison

Savarin mit Früchten

Mocca

Wien, den 2. Dezember 1974

Apéritifs

*1972 Kremser Schmidt
Winzergenossenschaft Krems
Krems/Donau*

*1970 Sandbichler
Weinkellerei A. Gottardi
Innsbruck-Bozen*

Hotel Imperial Wien

Hühnerconsommé
mit Spargelspitzen

Zanderschnitte in Hummersauce
Fleurons

Tournedos «Café de Paris»
Maximkartoffeln
Artischockenböden «Clamart»
Gurkensalat mit Yoghurt

Savarin mit Orangenspalten

Mocca

Wien, den 22. April 1975

Anno 1905, Jugendstil in Paris

PALACE ST.MORITZ

Les spécialités du Grill

Anno 1975, Jet-set in der Schweiz

Le Couvert 3.—

~ Hors d'œuvre ~

Caviar d'Iran Beluga Malossol 44.— +4.— *pommes au four crème aigre, ou crêpes blinis*

Cocktail de fruits de mer 12.— *crevettes, scampi, Dès de homard, sauce Aurore*

Truite, Hareng, Anguille fumés 10.— *Sce. Raifort à la neige*

Foie gras spécial de Strasbourg *à la gelée* **22.—**

Hors d'œuvre 12.—/16.—

Saumon d'Ecosse fumé 16.—

Oeuf froid Frou-Frou 9.— *poché, julienne celeris, gruyère, langue, nappé, Sce. Vincent*

Melon 10.— *avec Viande de Grisons ou jambon crû*

Escargots-Bourguignonne 10.— *la ¹/₂ dz.*

~ Potages ~

Germiny double 6.— *jaunes d'oeufs, crème double, Tortue, et consommé de volaille julienne de laitues*

Consommé spécial au Sherry en tasse 6.—

Vichyssoise 6.— *chaude ou froide, poireaux, pommes ciboulette, crème fraiche*

Boula-Boula 6.— *Tortue, crème, purée de petits pois, glacée à la salamandre*

Tortue des Indes au vieux Madère 6.— **Lady Curzon 6.—**

Crème de Volaille Bressane 6.— **Gaspacho 6.—**

~ Oeufs ~

Oeufs brouillés Rachel 10.— *pointes d'asperges et truffés*

Omelette Richemont 12.— *morilles et champignons*

Oeuf poché Otéro 10.— *en cocotte, garni de queues de crevettes, champignons, sauce Nantua*

Feuilleté Médicis 9.— *oeuf poché, champignons à la crème, sce. Béarnaise*

Oeuf Beaugency 8.— *poché, sur fond d'artichaut, nappé sauce Béarnaise, garni lames de truffe*

~ Pâtes et Farineux ~

Risotto au champagne 20.— *(Grande spécialité)*

Ravioli Palace 8.— **Gnocchi Parisienne 10.—**

Nouilles „Ferdinando" 18.— *nouilles fraîches, crème double, parfumé Curry, dés riz de Veau et foie gras, gratiné*

Crêpes aux morilles 9.— **au fromage 6.—**

Spaghettini, Lasagne, Maccheroni Rigatoni 10.— *préparation à la table selon désir*

Pasticciata Bolognese 10.—

Vol-au-Vent à la Reine 12.—

~ Poissons ~

> Les truites, homards et langoustes toujours fraiches de nos viviers

Langouste Vanderbilt s. g. *escalopes de langouste, truffes, champignons, sauce Américaine*

Truite Cléopatre 18.— *meunière, garnie de crevettes et scampi* **Gratin de Homard 20.—**

Saumon Victoria 18.— *poché, salpicon de homard, sauce Nantua* **Sole Marguéry 24.—**

Homard Chantecler s. g. *homard vivant cuit à l'étouffé, court-bouillon au Chablis, beurre blanc*

Turbot Nelson 16.— *sauce vin blanc, tomates concassées, champignons*

Filets de sole Caruso 14.— *pochés Dézaley sur base de nouilles fraiches gratinés*

Brochette de Scampi „Casanova" 22.— *sautés, flambé cognac, crème double, riz Pilaw*

Sole Albert 18.— *panée, cuite au Noilly, montée au beurre, glacée salamandre*

Demandez nos spécialités Suisses et Italiennes, aussi nos «plats Hongrois» préparés par nos spécialistes

~ Entrées ~

Côtes d'agneau Maxim's 24.— *sautées, rondelle foie gras, truffes*

Côte de Veau Prince Orloff 22.— *farcie champignons, lames de gruyère, foie gras, truffé, salamandre*

Côte de Bœuf „Palace„ (2 pers.) 40.— *grillée, diablée, persillée, sauce Béarnaise*

Filet de Bœuf Defrance `25.— *sauté, garni rondelle de foie gras, tranche de jambon crû des Grisons, flambé Cognac, morilles à la crème, pommes noisettes*

Pojarsky "Palace„ 20.— *blanc de volaille et filet de veau haché, sauté, déglacé au Porto, petits pois au beurre riz créole*

Mignonette de Filet de Veau Lucullus 22.— *déglacé Whisky, s. croûton, fond d'artichaut Béarnaise, champignons, pointes d'asperges*

Chicken à la King 19.— *emincé de blanc de volaille, Whisky et Porto, crème dés de piments rouges, riz pilaw*

Steak Diane 18.— *filet de bœuf, moutarde Anglaise, flambé à la fine, ciboulette, persil haché préparation à la table*

Steak Tartare 16.— *filet de boeuf haché, crû, préparation à la table, selon désir*

Selle d'Agneau Sarladaise (2-4 pers.) 66.— *persillée, pommes Sarladaise*

Paella Valenciana (2 pers.) 38.— *crustacés, filets de sole, poulet, chorizo, piments, tomates, pointes d'asperges, petits pois, riz pilaw safrané, le tout bien relevé*

Charolais en Papillotte „Palace" (2 pers.) 55.— *Château en papillotte, garni champignons julienne-truffes, langue, sce. château au foie gras, pommes soufflées*

Kébab „Impératrice" 25.— *Riz à l'Iranienne, Grande spécialité*

Poulet d'Or Persepolis 56.— *farce spéciale, poêlé, déglacé Whisky, recouvert feuilles d'or Riz Pilaw ou riz sauvage selon désir*

Rognon de veau flambé (2 pers.) 40.— *préparation à la table*

~ Légumes ~

Artichaut, Sauce Hollandaise ou Vinaigrette 6.—	Petits pois aux Laitues 6.—
Epinards en purée ou en branches 6.—	Haricots verts fines herbes 6.—
Courgettes sautées au beurre 6.—	Choux-fleurs Polonaise 6.—
Endives Flamande 6.—	Pointes d'asperges Mimosa 8.—
Bouquetière 12.— p.pers.	Céleris à la moëlle 6.—
Laitues - Salsifis - Brocolis 6.—	Salades 4.—/6.—

~ Entremets ~

Pêche Palace 12.—	Fraises 8.—	Cerises Jubilée 10.—
Ananas voilé 12.—	Melon 10.— *au vieux sorte*	Sorbet au Cliquot 9.—
Omelette Alaska 12.— p. pers.		Crêpes Gil Blas 12.— *fourées crème au beurre et amandes*
Les Oranges et citrons givrés 6.—		Coupe Monte-Cristo 12.—

Fruits — Fromages — Glaces — Sorbets — Compôtes — Savouries   Service 15%

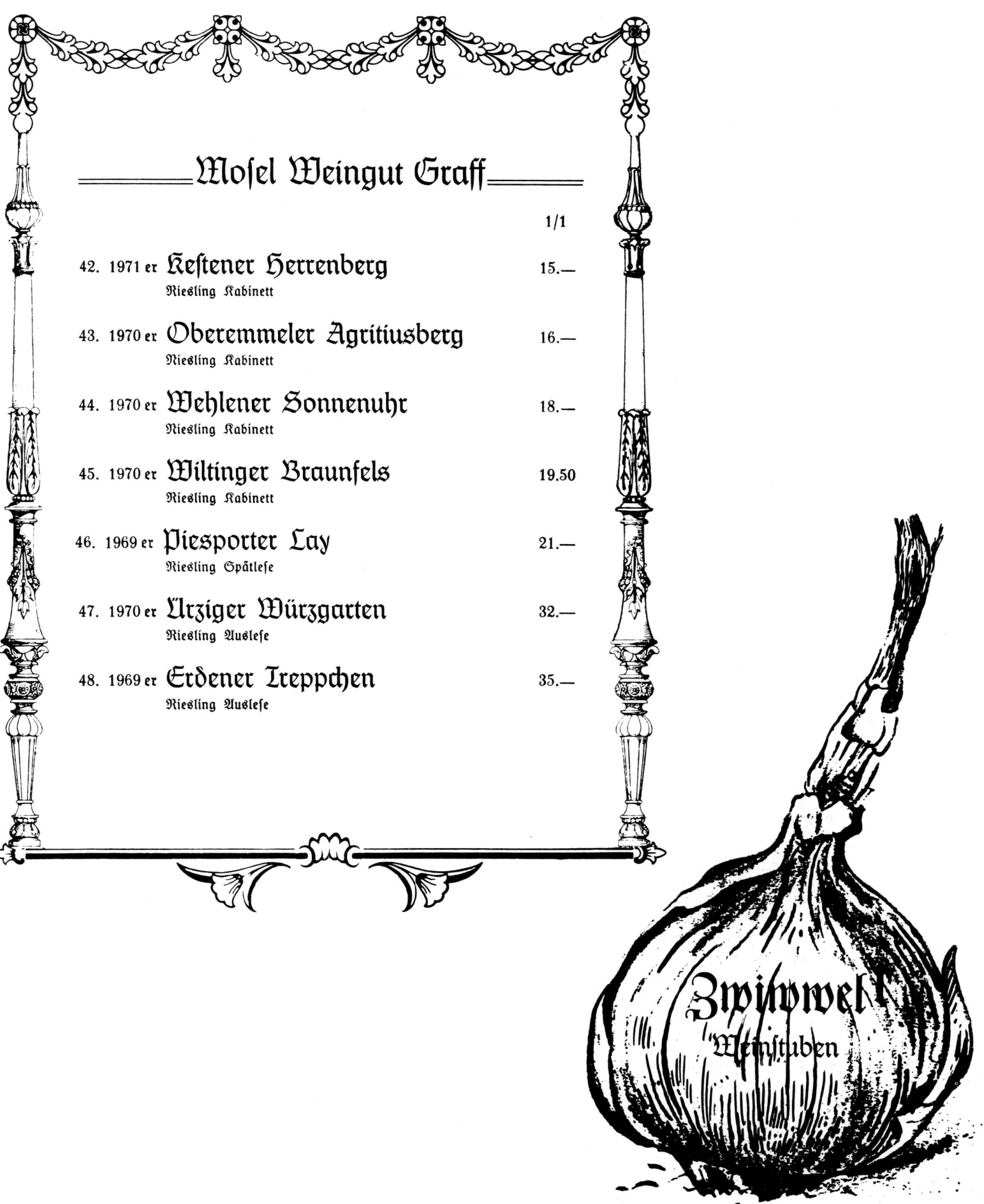

Mosel Weingut Graff

			1/1
42.	1971 er	**Kestener Herrenberg** Riesling Kabinett	15.—
43.	1970 er	**Oberemmeler Agritiusberg** Riesling Kabinett	16.—
44.	1970 er	**Wehlener Sonnenuhr** Riesling Kabinett	18.—
45.	1970 er	**Wiltinger Braunfels** Riesling Kabinett	19.50
46.	1969 er	**Piesporter Lay** Riesling Spätlese	21.—
47.	1970 er	**Urziger Würzgarten** Riesling Auslese	32.—
48.	1969 er	**Erdener Treppchen** Riesling Auslese	35.—

Zwiwwel
Weinstuben

Spezialitäten

Sonntag
Backschinken mit warmem Salat

Montag
Rippenspeer mit Delikatess-
Sauerkohl

Dienstag
Oxtail in Madeira

Mittwoch
Pökelrippchen mit Zwiebelsauce

Donnerstag
Kalbshaxe mit warmem Salat

Freitag
Diverse Fisch-Spezialitäten,
Kartoffelpuffer

Sonnabend
Riesen-Eisbeine mit Delikatess-Sauerkraut

Ausschank vorzüglich gepflegter Biere

Haase-Lager	. . . .	15 Pfg.
„ -Pilsener Art.	.	15 „
Kulmbacher	. .	30 „
Münchener		
Augustiner	.	30 „

Druck von Hermann Zimmer & Comp., Breslau, Gerbergasse 12/13 an der Weiderbrücke.

136

In der Fastenzeit keine Traurigkeit, sondern tolle Faschingsfeten wie die berühmte Münchner »Vorstadthochzeit« mit deftigen bayerischen Schmankerln.

SPEISEN- KARTE

MÜNCHENER
AVGVSTINER·BRÄV

SPEZIAL·AVSSCHANK
DER BRAVEREI
BINDING

Vorzügliche Weine
erster Firmen.

Jeden Abend
Künstler-Conzert.

RESTAVRANT
RÖMERHOF
FRANKFVRT a. MAIN
KAISERSTRASSE 72 · AM HAVPTBAHNHOF.
WILHELM MAVL

TELEFON 5461

Gesammt-Personal der Restauration Löwenbräukeller München.

1. Frau Urschl, die Oberkellnerin, 25*)
2. Marie, die Tirolerin, 23
3. Marie, die Blonde 8
4. Grethi, die Dicke, 17
5. Anna, die Schwarze 15
6. Anna, die Schwiegermutter, 16
7. Gertraud, die Sanfte, 12
8. Leni, die Durstige, 12
9. Marie, die Ruhige, 10
10. Marie, die Schlaue, 10
11. Marie, die Schwäbin, 7
12. Therese, die Sendlingerin,
13. Therese, die Schneiderin,
14. Marie, die Aufmerksame, 10
15. Babette, die Hastige, 6
16. Marie, die Selbstbewußte, 7
17. Veronika aus Haidhausen, 8
18. Anna, die Fleißige, 10
19. Wally, die Geduldige,
20. Marie, die Vielbegehrte,
21. Fanny, die Vorlaute,
22. Victor, die Verträgliche,
23. Thesa, die Seltene,

    Garten oder Concert-Saal

24. Hildegard, die schöne Wienerin, 9
25. Marie, die Fromme,
26. Marie von der Gallerie,
27. Therese, die Bedachtsame,

    } Gallerie

28. Elise
29. Betty
30. Klara

    } I. Nebensaal

*) Diese Zahl bedeutet die ununterbrochenen Dienstjahre der betr. Kellnerin.

31. Paula
32. Amanda
33. Lucie
34. Rosa

    } II. Nebensaal

35. Hulda
36. Emmy

    } Löwenterrasse

37. Louise
38. Martha
39. Gusti

    } untere Terrasse

40. Cäcilie
41. Hanna
42. Adelheid

    } obere Terrasse

43. 1. Elise, die Buren-Maid,
44. 2. Fanny, die Bedächtige,
45. 3. Anna, die Schlanke,
46. 4. Kathi, die Flinke,
47. 5. Anna, das Thurmfräulein,
48. 6. Anna, die Kleine,
49. 7. Betty, die G'schnappige,
50. 8. Theres, die Bescheidene,

    } Bräuführerl

50 Kellnerinen.

1 Geschäftsführer
1 erster Cassier
2 zweite Cassiere
2 Ceremoniers
2 Billeteurs, 2 Controleurs
1 Programm-Verkäufer
4 Postkarten-Verkäufer
1 Garderobier
2 Garderobe-Cassiere

8 Garderobe-Gehilfen
1 Velociped-Aufbewahrer
1 erster Metzger, 2 zweite Metzger
1 Lehrjunge (Piccolo)
6 Schenkkassiere, 6 Einschenker
1 Hausmeister
1 Hausschreiner
1 Monteur für electrische Beleuchtung
1 Hausgärtner
1 Hausknecht (Bieraufzieher)
1 Laufbursche
2 Besteckputzer
1 Buchhalterin und 1. Buffetdame
4 Buffetdamen
1 erste und 1 zweite Küchenbeschließerin
1 Weißzeugbeschließerin
1 Ober-Köchin (chef de cuisine)
1 erste Köchin (für Braten, Geflügel u. Wildpret)
1 zweite Köchin (für Pfannengerichte u. Ragouts)
1 dritte Köchin (für Gemüse und Eierspeisen)
1 vierte Köchin (für Spieß- und Rostbraterei)
4 Kochpraktikantinnen (Kochfräulein)
1 erste und 1 zweite Küchenmagd
1 Kupferputzerin
1 Mädchen für Speiseaufzug im Bräustübel
1 Mädchen für Speiseaufzug im großen Saal
1 Mädch. f. Speiseaufzug f. Gallerie u. Nebensaal
3 Biermädchen
1 Zimmermädchen
1 Waschmagd
6 Hausmägde

135 Personen.

G. M. Erwig, Pächter.

Druck von Knorr & Hirth, München.

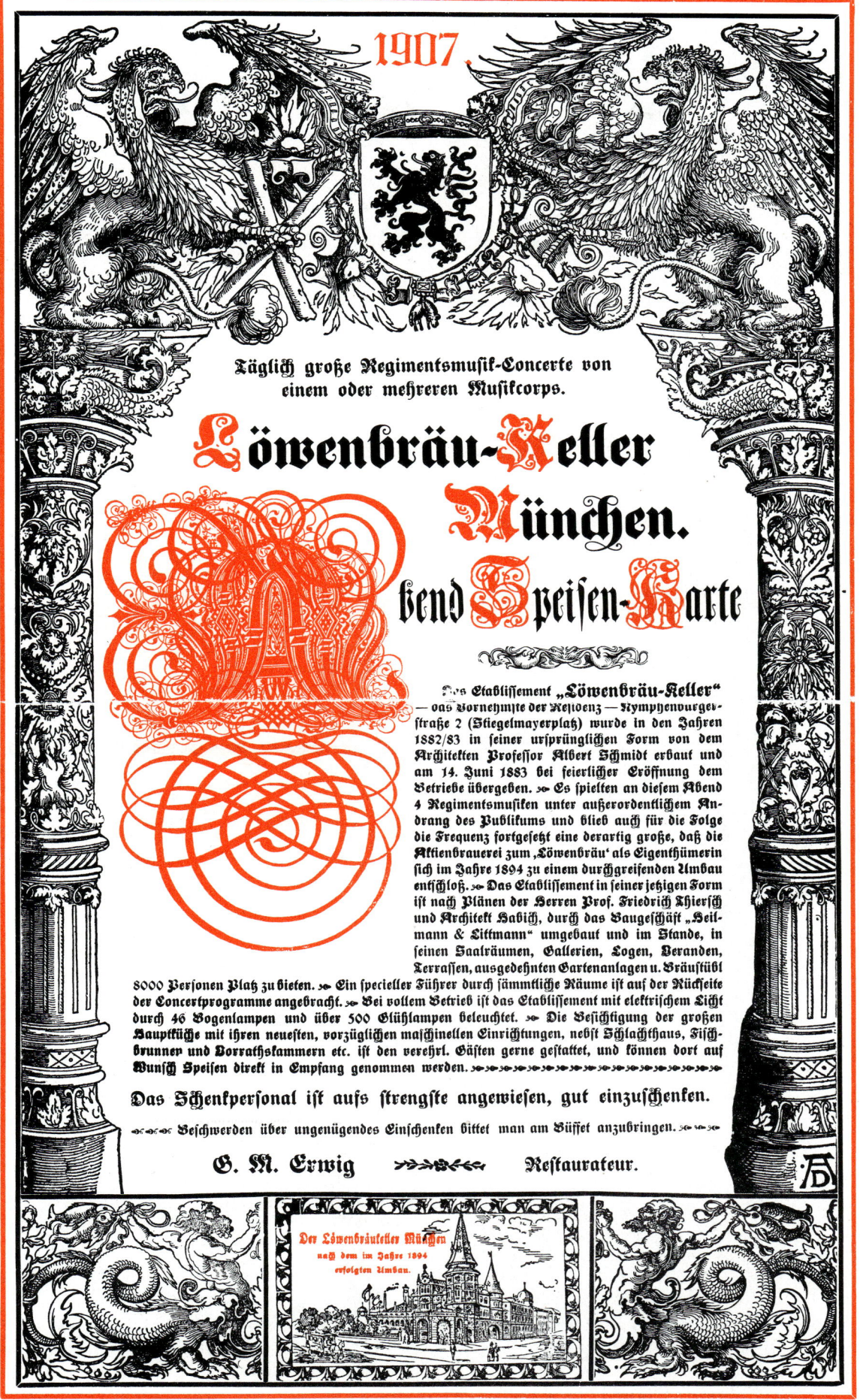

1907.

Täglich große Regimentsmusik-Concerte von einem oder mehreren Musikcorps.

Löwenbräu-Keller München.

Abend Speisen-Karte

Das Etablissement „Löwenbräu-Keller" — das Vornehmste der Residenz — Nymphenburger-straße 2 (Stiegelmayerplatz) wurde in den Jahren 1882/83 in seiner ursprünglichen Form von dem Architekten Professor Albert Schmidt erbaut und am 14. Juni 1883 bei feierlicher Eröffnung dem Betriebe übergeben. Es spielten an diesem Abend 4 Regimentsmusiken unter außerordentlichem An-drang des Publikums und blieb auch für die Folge die Frequenz fortgesetzt eine derartig große, daß die Aktienbrauerei zum ‚Löwenbräu' als Eigenthümerin sich im Jahre 1894 zu einem durchgreifenden Umbau entschloß. Das Etablissement in seiner jetzigen Form ist nach Plänen der Herren Prof. Friedrich Thiersch und Architekt Kabich, durch das Baugeschäft „Heil-mann & Littmann" umgebaut und im Stande, in seinen Saalräumen, Gallerien, Logen, Veranden, Terrassen, ausgedehnten Gartenanlagen u. Bräustübl 8000 Personen Platz zu bieten. Ein specieller Führer durch sämmtliche Räume ist auf der Rückseite der Concertprogramme angebracht. Bei vollem Betrieb ist das Etablissement mit elektrischem Licht durch 46 Bogenlampen und über 500 Glühlampen beleuchtet. Die Besichtigung der großen Hauptküche mit ihren neuesten, vorzüglichen maschinellen Einrichtungen, nebst Schlachthaus, Fisch-brunnen und Dorrathskammern etc. ist den verehrl. Gästen gerne gestattet, und können dort auf Wunsch Speisen direkt in Empfang genommen werden.

Das Schenkpersonal ist aufs strengste angewiesen, gut einzuschenken.

Beschwerden über ungenügendes Einschenken bittet man am Büffet anzubringen.

G. M. Erwig — **Restaurateur.**

Der Löwenbräukeller München nach dem im Jahre 1894 erfolgten Umbau.

Man bittet die Rückseite zu beachten!

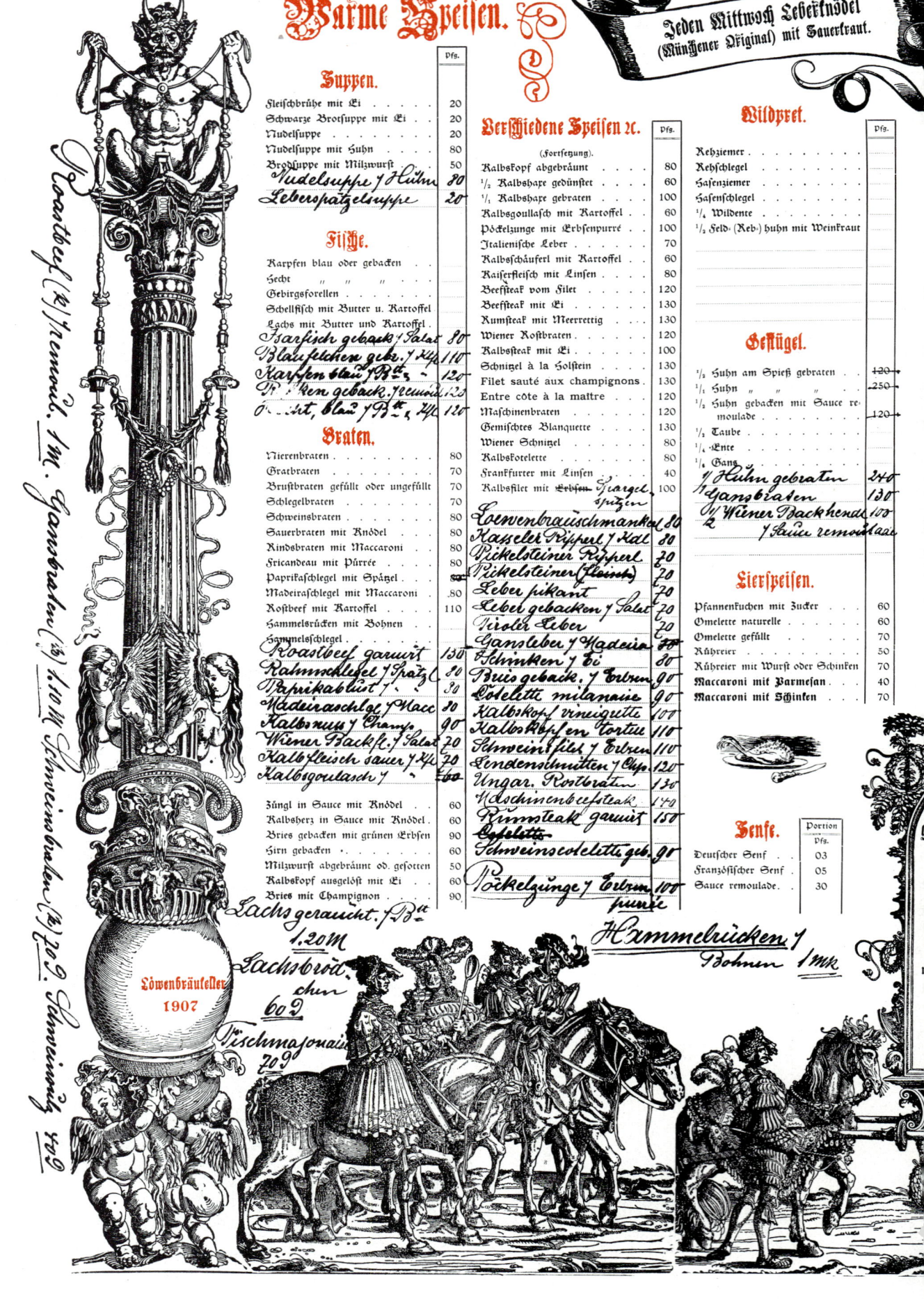

Warme Speisen.

Jeden Mittwoch Leberknödel (Münchener Original) mit Sauerkraut.

Suppen.

	Pfs.
Fleischbrühe mit Ei	20
Schwarze Brotsuppe mit Ei	20
Nudelsuppe	20
Nudelsuppe mit Huhn	80
Brodsuppe mit Milzwurst	50
Nudelsuppe 7 Huhn	*80*
Leberspatzelsuppe	*20*

Fische.

Karpfen blau oder gebacken	
Hecht " "	
Gebirgsforellen	
Schellfisch mit Butter u. Kartoffel	
Lachs mit Butter und Kartoffel	
Isarfisch geback. 7 Salat	*80*
Blaufelchen gebr. 7 Kart.	*110*
Karpfen blau 7 Bt.	*120*
Forellen geback. 7 remoul.	*120*
Forellt. blau 7 Bt. 7 Kart.	*120*

Braten.

Nierenbraten	80
Gratbraten	70
Brustbraten gefüllt oder ungefüllt	70
Schlegelbraten	70
Schweinsbraten	80
Sauerbraten mit Knödel	80
Rindsbraten mit Maccaroni	80
Fricandeau mit Pürrée	80
Paprikaschlegel mit Spätzel	
Madeiraschlegel mit Maccaroni	80
Rostbeef mit Kartoffel	110
Hammelsrücken mit Bohnen	
Hammelsschlegel	
Roastbeef garnirt	*150*
Rahmschlegel 7 Spätz.	*80*
Paprikablüt 7	*80*
Madeiraschlgl. 7 Macc.	*80*
Kalbsnuss 7 Champ.	*90*
Wiener Backfl. 7 Salat	*70*
Kalbfleisch sauer 7 Kart.	*70*
Kalbsgoulasch 7	*60*
Züngl in Sauce mit Knödel	60
Kalbsherz in Sauce mit Knödel	60
Bries gebacken mit grünen Erbsen	90
Hirn gebacken	60
Milzwurst abgebräunt od. gesotten	50
Kalbskopf ausgelöst mit Ei	60
Bries mit Champignon	90
Lachs geraucht 7 Bt. 1.20M	
Lachsbrödchen 60	
Fischmajonai 70	

Verschiedene Speisen ac.

(Fortsetzung).	Pfs.
Kalbskopf abgebräunt	80
½ Kalbshaxe gedünstet	60
½ Kalbshaxe gebraten	100
Kalbsgoullasch mit Kartoffel	60
Pöckelzunge mit Erbsenpurrée	100
Italienische Leber	70
Kalbsschäuferl mit Kartoffel	60
Kaiserfleisch mit Linsen	80
Beefsteak vom Filet	120
Beefsteak mit Ei	130
Rumsteak mit Meerrettig	130
Wiener Rostbraten	120
Kalbssteak mit Ei	100
Schnitzel à la Holstein	130
Filet sauté aux champignons	130
Entre côte à la maître	120
Maschinenbraten	120
Gemischtes Blanquette	130
Wiener Schnitzel	80
Kalbskotelette	80
Frankfurter mit Linsen	40
Kalbsfilet mit Erbsen *Spargel spitzen*	100
Loewenbräuschmankal	*80*
Kasseler Rippserl 7 Kal	*80*
Pickelsteiner Rippserl	*70*
Pickelsteiner (Kleinst)	*70*
Leber pikant	*70*
Leber gebacken 7 Salat	*70*
Tiroler Leber	*70*
Gansleber 7 Madeira	*80*
Schinken 7 Ei	*80*
Bries geback. 7 Erbsen	*90*
Cotelette milanaise	*90*
Kalbskopf vinaigrette	*100*
Kalbskopf en tortue	*110*
Schweinsfilet 7 Erbsen	*110*
Lendenschnitten 7 Chp.	*120*
Ungar. Rostbraten	*130*
Maschinenbeefsteak	*140*
Rumsteak garnirt	*150*
Cotelette	
Schweinscotelette geb.	*90*
Pöckelzunge 7 Erbsen	*100*
purée	

Wildpret.

	Pfs.
Rehziemer	
Rehschlegel	
Hasenziemer	
Hasenschlegel	
¼ Wildente	
½ Feld- (Reb-) huhn mit Weinkraut	

Geflügel.

	Pfs.
½ Huhn am Spieß gebraten	120
¼ Huhn	250
½ Huhn gebacken mit Sauce remoulade	120
½ Taube	
¼ Ente	
¼ Gans	
7 Huhn gebraten	*240*
7 Gansbraten	*130*
½ Wiener Backhendl	*100*
2 7 Sauce remoulade	

Eierspeisen.

	Pfs.
Pfannenkuchen mit Zucker	60
Omelette naturelle	60
Omelette gefüllt	70
Rühreier	50
Rühreier mit Wurst oder Schinken	70
Maccaroni mit Parmesan	40
Maccaroni mit Schinken	70

Senf.

	Portion Pfs.
Deutscher Senf	03
Französischer Senf	05
Sauce remoulade	30

Himmelbrücken 7 Bohnen 1 Mk.

Löwenbräukeller 1907

Roastbeef (2) fremd. 1 M. Gansbraten (3) 1.10 M. Schweinsbraten (2) 20 9. Schweinerig 70 9

Kalte Speisen

	Pfg.
Kalbsbraten	70
Beefsteak à la tartare	120
Kalbsbraten in Essig und Oel	70
Rostbeef mit Remouladen-Sauce	100
Schinken, roh	80
Schinken, gekocht	70
Kalter Aufschnitt	80
Geräucherte Ochsenzunge	100
Salami	80
Gothaer Cervelatwurst	80
Illustrirte Gurke	60
Belegtes Butterbrot mit Schinken oder kaltem Fleisch	40
Geräuchertes Schweinsripperl	70
Russischer Caviar mit Butter	100
Caviarbrod	50
Regensburger Würste, hausgemachte à	12
Sardinen in Oel à Portion	40
Sardellen mit Kapern	40
Frische Häringe mit Butter und Kartoffel	50
Nürnberger Ochsengaumen in Essig und Oel	35
Hummer-Majonnaise	100
Fisch- „	70

Käse.

	Pfg.
Emmenthaler (feinste Qualität)	20
Mainzer Handkäse (direkt bezogen)	10
Feinste Tafelbutter	10
Rühbacher	20
Rahmkäse	20
Roquefort	40
Camembert	30
Liptauer garniert	35

Salat, Gemüse und Compots.

	Pfg.
Sellerie	20
Rothe Rüben	20
Kartoffelsalat	15
Kopfsalat	20
Grüner Salat mit 2 Eiern	40
Nisselsalat	
Endiviensalat	20
Gurkensalat	
Spargelsalat	
Spargel mit Butter	
Italienischer Salat	35
Meerrettig, gerieben	10
Meerrettig in Essig und Oel	15
Essig- oder Salzgurken	20
Sauerkraut	10
Erbsenpurée	
Kartoffelpurée	15
Knödel	10
Maccaroni	15
Geröstete Kartoffel	15
Preißelbeer	30
Mirabellen	30
Feines gemischtes Bozener Compôt	40
Aprikosencompôt	40

...glich
...ittag-Tisch
...—2 Uhr
...m
...lich Vormittag
...usschank
...u. Nürnberger
...teln am Rost
...raten.

Wein-Karte.

Offene Weine.

	per Schoppen Pfg.
Pfälzer Weißweine	40
Tiroler Rotwein	40

Weiße Flaschen-Weine.

Rheinpfalz.

		1/1 Fl. Pfg.	1/2 Fl. Pfg.
1904er Deidesheimer	eigene Kelterung	150	80
1904er Ruppertsberger Riesling	v. Heinr. Eckel & Cie. k. b. Hoflieferanten	50	130
1899er Forster Jesuitengarten (Gewächs Leopold Spindler-Steinweg)		350	180

Rheinweine.

		1/1 Fl. Pfg.	1/2 Fl. Pfg.
1904er Niersteiner	v. Heinr. Eckel & Cie. k. b. Hoflieferanten	200	100
1904er Erbacher Klostergarten		260	140
1900er Rüdesheimer Schloßberg		350	—
1900er Liebfraumilch (a. d. städtischen Weingärten von Worms)		400	—

Moselweine.

		1/1 Fl. Pfg.	1/2 Fl. Pfg.
1903er Piesporter	v. Heinr. Eckel & Cie. k. b. Hoflieferanten	200	100
1904er Brauneberger		250	130
1904er Rinheimer Rosenberg		300	—
1900er Josefshöfer (Gewächs von Graf Kesselstatt)		400	—

Rote Weine.

		1/1 Fl. Pfg.	1/2 Fl. Pfg.
1900er Bordeaux Medoc	v. Heinr. Eckel & Cie. k. b. Hoflieferanten	200	100
1904er Affenthaler Auslese		250	130
1900er Burgunder Volnay		280	150
Villanyer Tafelwein (Fürstl. Schaumburg-Lippe'sche Kellerei)		350	—
1900er Chateau Gruaud Larose (Schloßbrand)		350	180
1899er Chateau St. Georges (Schloßbrand)		400	200
1893er Chateau Smith Haut Lafitte (Schloßbrand)		500	—

Schaumweine und Champagner.

J. Oppmann	600
Math. Müller	600
Rupferberg Gold	700
G. H. Mumm & Co. „extra dry"	1300

Diverse Getränke.

		Pfg.
1 Glas Grogg von Jamaica-Rum		60
1 „ Glühwein		60
Citronen-Limonade	1/4 Liter	30
Himbeer-Limonade	1/4 „	30
Cognac		25
Kirschwasser		25
Pasquewitsch		20
Gilka		10
A Glasl an Guatn		20
Springerl		20
Limonade		30
Gieshübler		40
Gerolsteiner Schloßbrunnen		40

Löwenbräukeller
1907

Tages-Spezialitäten.

Sonntag abends von 6¼ Uhr ab:

Roastbeef garniert.
Deutsches Beefsteak m. Mischgemüse.

Montag abends von 6¼ Uhr ab:

Frische Kesselwurst u Wellfleisch.

Dienstag früh von 9 Uhr ab:

Hausschlacht **Wellwurst** u. **Wellfleisch.**

Abends von 6¼ Uhr ab:

Rinderbrust in Bouillon-Kartoffeln.
Geschmorte Schweinshaxen
mit Sauerkohl.

Mittwoch abends von 6¼ Uhr ab:

Echt ung. Gulyas in Schüsseln.
Pökelbraten m. Sauerkohl u. Kartoffelpurée.

Donnerstag abends von 6¼ Uhr ab:

Eisbein mit Sauerkohl.
Pökelrippchen m. Erbsenpurée u. Sauerkohl.

Freitag abends von 6¼ Uhr ab:

Kalbshaxe mit warmem Salat.
Backhecht mit Remoulade.

Sonnabend abends von 6¼ Uhr ab:

Backschinken mit warmem Salat.
Hammelfleisch bürgerlich.

Spezial - Ausschank
der
Brauerei E. Haase

Märzenbier,

Lager,

Pilsener Art.

1 große Flasche Selter 15 Pf
1 Flasche Himbeer-
od. Zitronenlimonade 20 „
1 Glas Zitronenlimonade,
naturell . . . 20 „
1 Flasche Altheider-
Prinzensprudel 25 „

Weine nach
besonderer Karte

Druck von Hermann Zimmer & Comp., Breslau, Gerbergasse 12/13 a. d. Werderbrücke. — Clichés von Geike & Co., Breslau 11.

"Laßt ihn doch ein" "Ei, ist er ja schon hinnen"

Schweidnitzer Keller, Breslau

Wenn mancher Mann wüßte wer
mancher Mann wäre, thät mancher Mann
manchem Mann manchmahl mehr Ehr.
Friedrich d. Gr.

Wer Weiss:
Ob's War Ist.
Till Eulenspiegel

Speisen-Karte

Ausschank der Brauerei E. Haase.

Inhaber: Max Kluge.

Fernruf: 2295. Kontor 1920.

Keller: Ordnung:

Der Kellerordnung ist
ausdrücklich einverleibt
Der Einnahmtisch dem
Ambt alleine billig bleibt.

Doch wem die Gunst geschieht
ein Trunk da zu geniessen
Der rühre ja nichts an,
sonst muss er solches büssen.

Wer hier will
lustig sein
der küss den
bären vor der Thür.

Das Rund der
feste winkt,
Willkommen
nun zur
neuen Freud.

Kalte Speisen

	₰		₰
Roastbeef mit Remoulade	80	Belegte Brötchen mit Schinken, Zunge oder Roastbeef	40
Beefsteak à la tartare	70	Belegte Brötchen mit div. Wurst, Käse, Sardellen, Braten oder Eier	30
Schinken, roh	70		
Schinken, gekocht	60	Tartar=Brot	40
Eine gemischte kalte Platte	100	Umstands=Brot	60
Hummer=Majonnaise	80	Hausgemachter Pressack	20
Hering, mariniert	15	Italienischer Salat	50
Matjes=Hering mit Butter und Kartoffel	50	Ölsardinen à Stück	15
Illustrierte Gurke	60	Kalbskopf vinaigrette	70
Mathäser=Platte	120	Ochsengaumensalat	25
Kaviarbrot	50	Würste in Essig und Öl	50

Käse.

	₰		₰
Emmenthaler	20	Liptauer garniert	35
Mainzer	10	Camembert	50
Edamer	30	„ mit Butter	40
Kühbacher	25	Delikatess	15

Annahme fremder Geldsorten zum Tageskurse ✿ Coupons werden 2 Monate vor dem Fälligkeitstermin in Zahlung genommen

Zur Erinnerung für Fremde sind Speisenkarten sowie Original=Mathäser=Bräuhauskrüge am Buffet zu haben

Mein Schankpersonal ist angewiesen, gut einzuschenken und bitte ich, nicht genügend gefüllte Krüge nachfüllen zu lassen

Wünsche oder Beschwerden bitte schriftlich oder mündlich an mich persönlich zu richten

Ergebenst

B. Rechthaler

Vereinigte Druckereien und Kunstanstalten, G. m. b. H. (G. Schuh & Cie.) München, Herrenstrasse 35.
Farbplatten von Kunstanstalt Joh. Hamböck (Inh. Ed. Frühlithaler) München.

FEST-DINER
des
VEREINS DER GASTHOFBESITZER
MENU

Potages.
Purée à la Sévigné.
Consommé Brunoise.

Relevés.
Turbot à la Mornay.
Filet de boeuf à la Richelieu.
Selle de marcassin à la Lyonaise.

Entrées.
Suprêmes de poulardes de la Bresse
aux pointes d'asperges.
Pâté de foies gras de Strasbourg en Belle vue

Rôti.
Bécasses
Salade et Compote.

Entremets.
Céléris à la moëlle.
Savarin aux liqueures.
Soufflé praliné glacé.

Fromage et Fruits.

Dessert.

Sämmtliche Toaste sind bei dem Vorsitzenden
des Festcomitées zu melden.

Berlin,
den 28. November
1881.

KAISERHOF.
DIRECTION:
UHL & KLICKS.

DU SOLLST NICHT TÖDTEN!

Vegeterianer-Essen
24 Aug. zu 1878
Hannover.

Biersuppe v. hannov. Broyhan.

Perlbohnen m. Kartoffeln.

Rothkohl m. Apfel. gebr. dsgl.

Omelette.   Salate.
         Apfelmuss.

Maccaroni   Parmesan.

Pudding m. Fruchtsauce.

Butter. Käse. Obst.

Weitzenschrotbrodt. Pumpernickel.

Auerbachs Keller Leipzig

WEINABTEIL

Speisen und Getränke

Suppen — Супы — Soups — Potages

Kraftbrühe Royal mit Brötchen   1,40
Бульон „ройал" и булочкой
Clear soup Royal and roll
Consommé à la royale, petit pain

Ochsenschwanzsuppe mit Brötchen   1,60
Суп из бычьего хвоста с булочкой
Oxtail soup with roll
Potage ox-tail, petit pain

Ukrainische Fleischsoljanka mit Brötchen   3,30
Украинская мясная солянка в серебряной чашке, булка
Ukrainian solyanka in silver cup, roll
Solianka de viande ukrainien en tasse d'argent, petit pain

Schildkrötensuppe mit Fleuron   4,50
Черепаший бульон со слоёнкой
Turtle soup with fleuron
Potage à la tortue avec fleuron

Pfannengerichte — Блуда из сковороды
Zubereitungsdauer 20 Minuten — Время приготовления 20 минут

Dishes from the frying-pan — Mêts sautes à la poele
Time op preparation 20 minutes — Temps de préparation 20 minutes

2 Schweinslendchen „Bordeaux Art" mit Mischgemüse,
pommes frites und gemischtem Salat   10,40
2 филе из свинины аля Бордо, обощной гарнир,
жареный картофель, смешанный салат
2 Fillets of pork „Bordeaux style" mixed vegetables, french
fried potatoes, mixed salad
2 petits filets de porc à la bordelaise, petits pois
et carottes, pommes frites, salade variées

Filettopf „Faßkeller" mit Röstkartoffeln und gemischtem Salat   11,80
Филе тушеное „фасскеллер" жареный картофель, смешанный салат
Fillets „Fasskeller" fried potatoes, mixed salad
Filet à la casserole „Faskeller", pommes de terre sautées,
salade composée

Rumpsteak „Strindberg" mit pommes frites und gemischtem Salat   12,20
Ромштекс „Штриндберг", жареный картофель, овошной салат
Rumpsteak „Strindberg" with French fried potatoes and mixed salad
Rumpsteak „Strindberg", pommes frites et salades variées

Filetsteak „Colbert" mit pommes frites und gemischtem Salat   11,70
Лангет „Кольберт", жареный картофель и обошной салат
Fillet steak „Colbert" with French fried potatoes and mixed salad
Steak „Colbert", pommes frites et salades variées

Leipziger Gastlichkeit der 70er Jahre in Auerbachs volkseigenem Keller. Die Karte für internationale Gäste, Russisch als erste Fremdsprache.

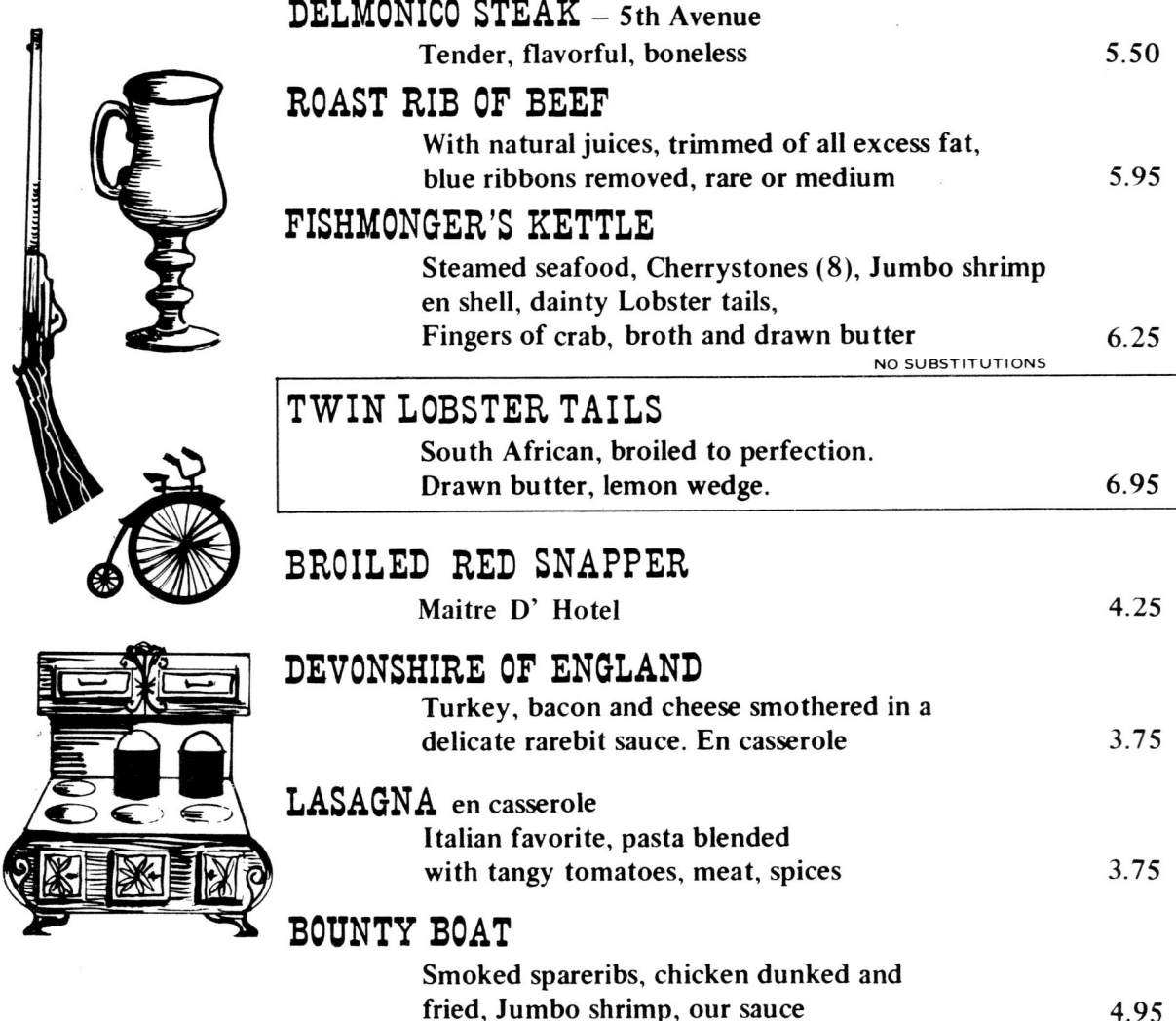

BUTCHER BLOCK STEAKS

THE GREAT BARON
Delicious Sirloin Strip — Boneless
Approved and guaranteed   6.95

T-BONE   with herb butter
Some tenderloin, mostly sirloin   5.95

DELMONICO STEAK — 5th Avenue
Tender, flavorful, boneless   5.50

ROAST RIB OF BEEF
With natural juices, trimmed of all excess fat,
blue ribbons removed, rare or medium   5.95

FISHMONGER'S KETTLE
Steamed seafood, Cherrystones (8), Jumbo shrimp
en shell, dainty Lobster tails,
Fingers of crab, broth and drawn butter   6.25

NO SUBSTITUTIONS

TWIN LOBSTER TAILS
South African, broiled to perfection.
Drawn butter, lemon wedge.   6.95

BROILED RED SNAPPER
Maitre D' Hotel   4.25

DEVONSHIRE OF ENGLAND
Turkey, bacon and cheese smothered in a
delicate rarebit sauce. En casserole   3.75

LASAGNA   en casserole
Italian favorite, pasta blended
with tangy tomatoes, meat, spices   3.75

BOUNTY BOAT
Smoked spareribs, chicken dunked and
fried, Jumbo shrimp, our sauce   4.95

DAILY CHEF'S SPECIALS
Inquire of your Salesgirl for Blackboard Specials

Der Beitrag der USA zur internationalen Gastronomie-Land-
schaft: die Steak-Häuser, inzwischen weithin exportiert.

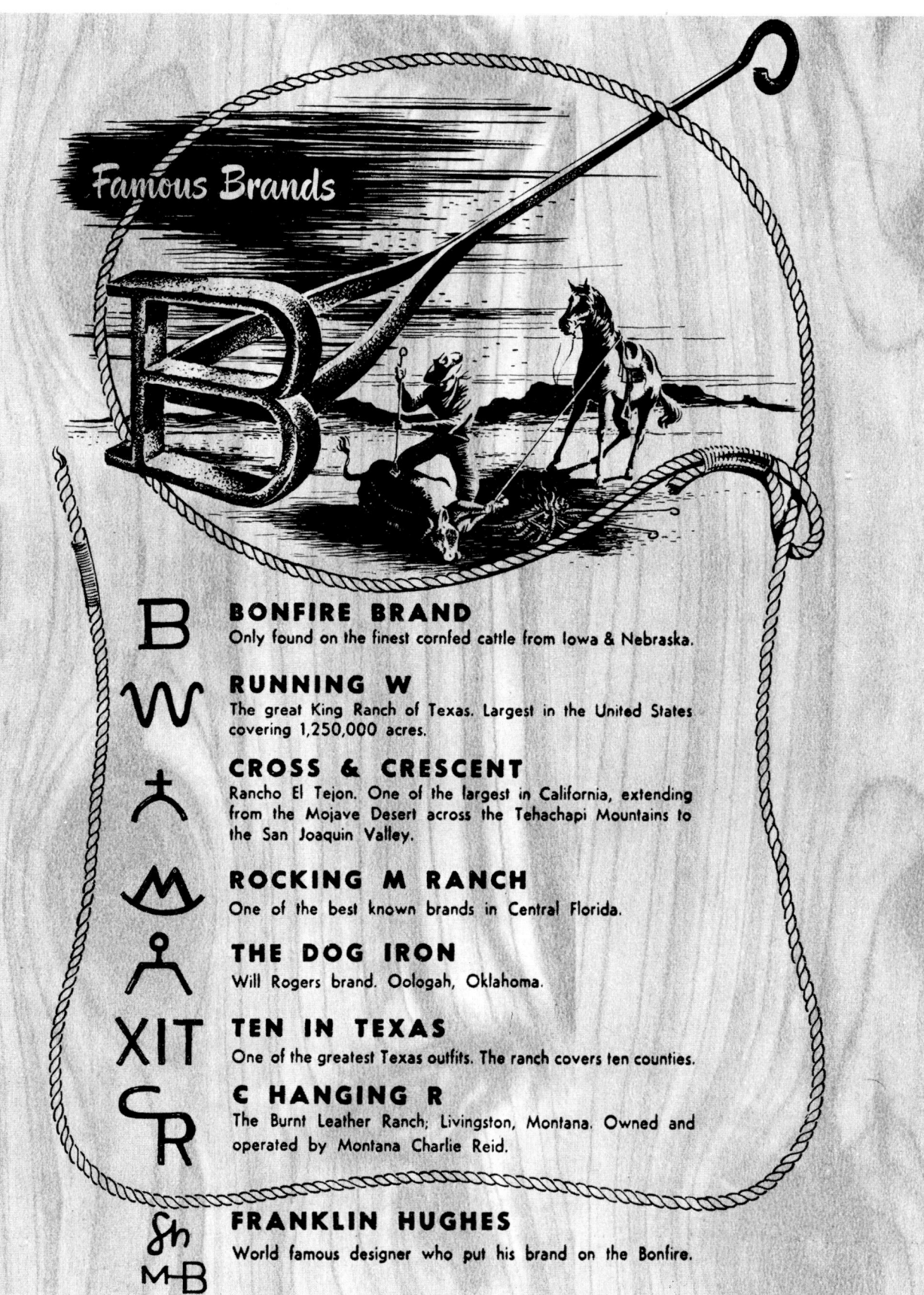

Famous Brands

B   **BONFIRE BRAND**
Only found on the finest cornfed cattle from Iowa & Nebraska.

W   **RUNNING W**
The great King Ranch of Texas. Largest in the United States covering 1,250,000 acres.

✝   **CROSS & CRESCENT**
Rancho El Tejon. One of the largest in California, extending from the Mojave Desert across the Tehachapi Mountains to the San Joaquin Valley.

M   **ROCKING M RANCH**
One of the best known brands in Central Florida.

THE DOG IRON
Will Rogers brand. Oologah, Oklahoma.

XIT   **TEN IN TEXAS**
One of the greatest Texas outfits. The ranch covers ten counties.

C̄R   **C HANGING R**
The Burnt Leather Ranch; Livingston, Montana. Owned and operated by Montana Charlie Reid.

FRANKLIN HUGHES
World famous designer who put his brand on the Bonfire.

151

Festessen am königlich-preußischen Hof zu Berlin, 1844. Be-
sonderheit der Karte sind die Namen der Köche vor den einzelnen Gerichten. Manche Leute behaupten, damit man
gleich wisse, wer einen vergiftet hätte ...

Souper am 18. April
1844.

Berlin

Martin et Sperling
Schönborn et Tamarin.

Claude.

Kube.

Suppe à la reine.

Gratin von Fisch mit Austern
Sauce aux fines herbes.

Spinat und grüne Erbsen mit
Lamm Côtelettes und fritures.

Salmy von Schnepfen mit Trüffeln.

Filets von Reh à la Napolitaine.

Strassburger Gänseleber Pastete.

Junge Hühner und Krebsbutter,
Prünellen.

Compote von Aepfeln garnie.

Apfelsinen gelée.

Gâteaux mêlés

Dessert.

Der erste Sammler dieser Karte, ein Teilnehmer des Diners am königlichen Hof in Hannover, hat handschriftlich den festlichen Anlaß notiert: eine Denkmalsenthüllung und den Leutnantsrang für den Kronprinzen.

DINER LE 21 SEPTEMBRE 1861.

Feier zur Enthüllung des Ernst August Denkmal in Hannover Gabriotelnay des Bourguignon

Girot.	Potage de tortue d'Angleterre.
„	Potage à la purée de volaille.
Ude.	Caviar de Russie aux plinces.
„	Turbot à l'eau du sel au beurre fondu, sauce de tomates.
Faucet.	Filet de boeuf à la jardinière.
„	Croquettes de ris de veau à la Toulouse.
Girot.	Filets de perdreaux à la Périgueux.
Fauvel.	Petits pois nouveaux à la française, garnis de côtelettes de mouton.
Sonnenberg.	Homards à la Gloucester.
„	Jambon froid au vin de Bourgogne, sauce à la bigarade.
Ude.	Gibier rôti au jus.
Rinne.	Compote melée.
„	Gelée à l'ananas au vin de Champagne.
„	Pouding froid à la d'Orleans.
Robby.	Glaces panachées.
	Dessert et fruits.

*Die königliche Tafel war Bronze zu verdanken an diesem Tage zum Kammerherrn
in Garde Uniform Pagencostüm erwartet und erschienen bei der Familie am Denkmal in Familie Uniform auf den vergoldeten Piedestal.
Sie mussten an diesem Tage zum besten Geschirren erwartet und ausführlich
Schließung der Bedienten ihnen gegeben von Seiner Majestät zu reichen.*

Galatafel am großherzoglichen Hof Baden-Nassau in Karlsruhe

Karlsruhe, 27. März 1909.

Galatafel.

Potage à l'Impériale.

Suprême de soles à l'Américaine.

Aiguillette de boeuf aux primeurs.

Mauviettes, farçies à la Périgueux.

Sorbet de champagne à l'ananas.

Chapons rôtis au cresson.

Coeurs de laitues aux fines herbes — Compote.

Asperges nouvelles d'Argenteuil, Sauce mousseline.

Bombe Souveraine.

Friandises assorties.

Zéphyrs de chester.

Fruits — Dessert.

Festessen Prinzregent Albrechts von Preu-
ßen, Bruder Kaiser Wilhelms I., in Berlin

Berlin, 30. Januar 1905.

————·————

Consommé Montmorency.

Austern, Welsh-Brötchen.

Sterlett, Sauce Beluga.

Lammrücken à la provençale.

Hummer nach Carlton

Suprêmes de poulardes à la Jeannette.

Rouen'er Enten gebraten,

Salat, Kompott.

Frische Trüffeln in Champagner.

Nussspeise.

Petits fours de fromage.

Nachtisch.

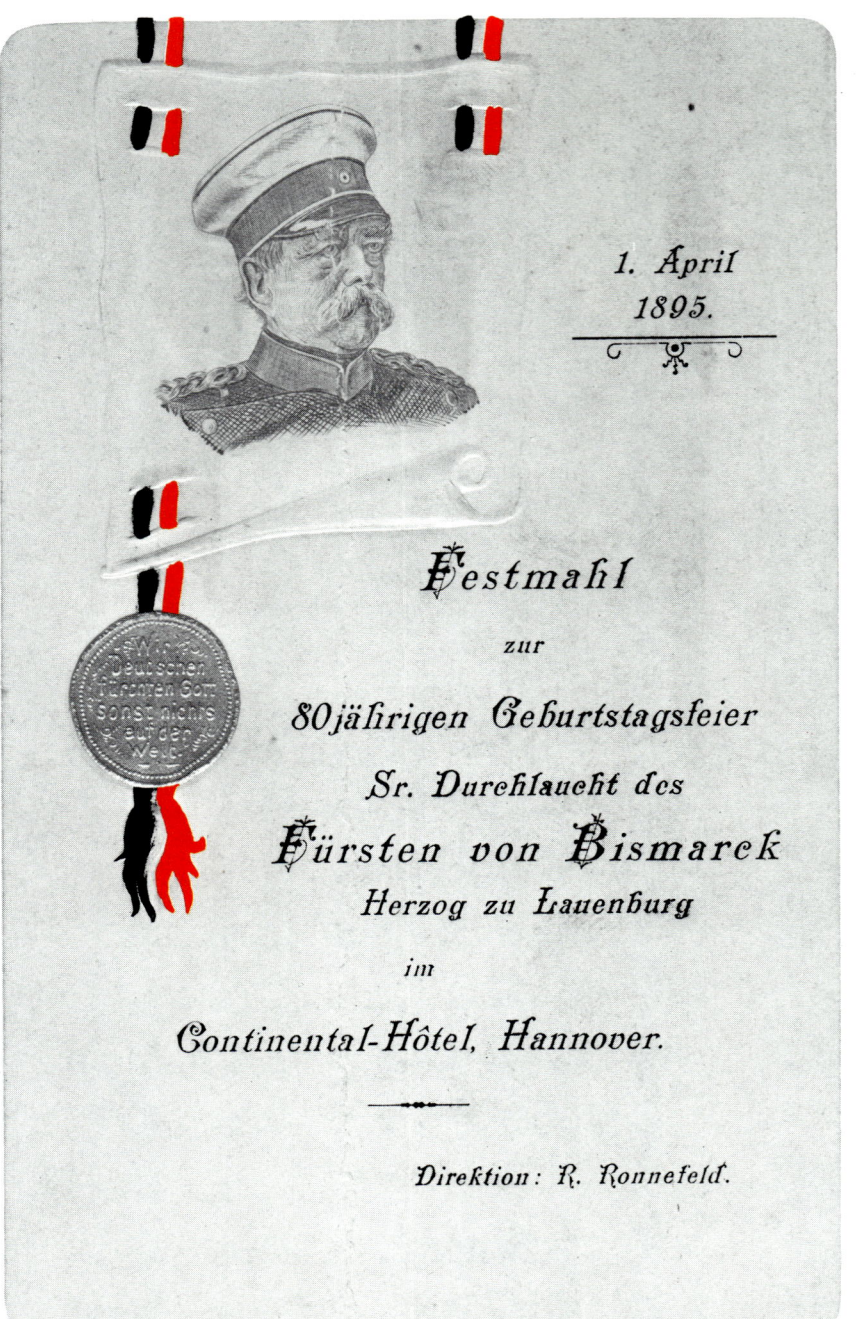

1. April
1895.

Festmahl

zur

80jährigen Geburtstagsfeier

Sr. Durchlaucht des

Fürsten von Bismarck

Herzog zu Lauenburg

im

Continental-Hôtel, Hannover.

Direktion: R. Ronnefeld.

H. Klee Hannover.

Speisenfolge.

Kraftbrühe mit Markklösschen.

Ostender Seezungen, gebacken,
mit Kräuteröl-Tunke.

Ochsenrippenstück in Madeira,
Kartoffeln in Kruste und Essig-Gemüse
(Mixed-Pickles).

Spargel ⎫ Pommersche Gänsebrust
junge Mohrrüben ⎭ Pökelzunge.

Gefüllter Truthahn.
Salat und eingemachte Früchte.

Bismarck-Gefrorenes.

Verschiedene Käse.

Nachtisch.

Kaffee.

HÔTEL DU NORD

J. FRIEDRICH

Königl. Hoflieferant.

Internationale Hühnerhund Prüfungs- Suchen.

MENU.

Potage St. Hubert.

Saumon sauce Hollandaise.

Filet de boeuf à la chasseur.

Pommes de terre château.

Fèves de Marais à la crème.

Petits salés grillés.

Pain de gibier sauce Perigueux.

Poulardes du Mans rôties.

Salade et Compote.

Bavarois rubanés.

Dessert.

Fruits.

CÖLN, den 11. April 1881.

Lith. S. Oppenheim Cöln.

Nächste Seite: Königlich-preußische Mittagstafel in der Berliner ▷
Residenz anläßlich der 25-Jahr-Feier der Reichsgründung in Versailles, von welchem epochalem Ereignis auch das Bild oben in der
Karte kündet.

Berlin, den 18. Januar 1896.

Königliche Mittagstafel.

Pommersche Suppe.
Gedämpfte Seezungen mit Austern.
Rehrücken, garnirt.
Getrüffelte Hühnerbrüste.
Hummern in Gallert.
Wachteln, Früchte, Salat.
Artischocken mit Mark.
Macronen-Sahnenspeise.
Käsestangen.

Nachtisch.

Lith. v. Wilhelm Greve, Berlin

Dessau, 12. Décembre 1874.

Potage Löwenstein.
Huitres naturelles.
Saumon, sauce Colbert.
Filet de boeuf à la jardinière.
Bécasses à la Godard.
Hure de sanglier, sauce Cumberland.
Homards sauce diable.
Faisans rotis. Salade.
Asperges.
Compotes.
Gateau.
Glaces.
Dessert.

DÎNER

Hanovre le 15 Novembre.

Huîtres au naturel.

Potage de tortue de mer à l'Anglaise.

Consommé de volaille à la royale.

Petites bouchées d'un salpicon de ris de veau aux champignons.

Truites saumonées à la maréchal.

Filet de bœuf à la jardinière.

Truffes au vin de Bourgogne.

Suprême de filets de poulardes à la financière, couronné de hâtelettes.

Mayonnaise de homards à la Gloucester, bord de gelée.

Punch à la Romaine.

Bécasses bardées, garnies de croûtons, au jus.

Compote d'abricots.

Salade de laitues.

Cardes au velouté à la moëlle, en croustades.

Savarin, garni d'une macédoine de fruits.

Gelée d'ananas au vin de Champagne, garnie de petites gaufres d'amandes.

Fromage de Roquefort
de Stilton.

Glaces à l'ananas

Fromage des dames.

Dessert et fruits.

Café.

Château d' Yquem.

Punch à la Cumberland.

Vin de Madère.

St. Julien Bordeaux.

St. Peray.

Rauenthaler Berg.

Château Lafitte.

Steinberger Cabinet.

*Vin de Champagne
Veuve Clicquot.*

*Monopole
Château-Haut-Brion.*

*Vin de Champagne
Crémant rosé.*

Vin de Port.
Ale d'Écosse.
Muscat Rivesaltes.
Vin de Tokay.

Anisette de Hollande.
Chartreuse verte.

Palais de Monaco

DINER DU 9 FÉVRIER 1880

Potage
Printanier aux quenelles de Volailles

Hors-d'œuvre
Escalopes de Foie gras à la Diplomate

Relevé
Turbot sauce Crevettes

Entrées
Côtelettes d'agneaux aux pointes d'asperges
Filets de Dindonneaux aux truffes
Mayonnaise de Langoustes à la gelée
Punch à la Romaine

Rôt
Perdreaux flanqués de Cailles
Salade à l'Italienne

Entremets
Haricots verts panachés
Fonds d'artichauts frits à la Milanaise
Bavarois à la Fontange
Gâteau Frascati

Pièces montées
Croquembouche à la Parisienne
Châteaubriand historié

Dessert
Glace — Bombe à la Palerme

Vins
Madére 1825 — Marsala — Bordeaux Château-Laffitte —
Champagne Clicquot, fleur de 1865 — Steinberger —
Chambertin — Constance rouge — Xérès.

Tafel
am 11. Januar 1902.

Schildkrötensuppe.

Hühnerkrusteln nach Villeroi.

Steinbutt mit Caviar-Sauce.

Rindsrücken mit Gemüsen.

Hasenrippchen auf Jäger-Art.

Gänseleber nach Périgord.

Trute. Salat. Himbeeren.

Frische Bohnen.

Burgunder Speise.

Käsekuchen.

Gefrorenes.

Obst. Nachtisch.

St. Peray.
92. Marcobrunner Auslese.
78. Chateau Lafitte.
Champ. Moët.
Schweden-Punsch.

Für niedriger Gestellte bei fürstlichen Tafeln, kleine Barone oder Militärs, die von den Hoheiten weit weg saßen, waren das oft mühselige Diätkuren, denn wenn die höchsten Herrschaften mit einem Gericht fertig waren, wurde sofort abserviert, auch wenn die letzten Gäste es gerade erst bekommen hatten.

Speisenfolge

den 27. August 1918.

— ••• —

Edelpilzsuppe

Weiche Eier mit Schoten

Bachforellen, frische Butter, Salat, Früchte

Pfirsichgefrorenes

Käsegericht

Nachtisch.

—•◦◈◦•—

Suppenwein
Deidesheimer Rennpfad 1911
Schloss Latour 1900
Schaumwein
Malaga Vino de Vanillo.

Menu du 5. Mai 1911.

Diner.

———

Potage Italienne.

Selle de mouton à la Bretonne.

Soufflé de volaille à la Périgueux.

Poulets rôtis.   Salade.

Asperges en branches.

Compote de prunes.

Blanc-manger à la Maltaise.

Welsh rarebits.

Dessert.

Anlässe gab es genug für höfische Essen, Hochzeiten und Beerdigungen und viele weitere Gelegenheiten. Die Karte links zeigt, daß sich auch Fürsten im Kriege einschränken mußten. So bewirtete das sächsische Königshaus im letzten Jahr des ersten Weltkrieges die österreichische Kaiserfamilie auf Schloß Moritzburg. Oben: Trauer-Diner bei der Beisetzung des Fürsten Georg zu Schaumburg-Lippe 1911. Linke Seite: Festessen im Palast von Monaco und königliche Tafel von August und Luise von Sachsen.

An dem Déjeûner
nahmen teil:

S. M. Kaiser Franz Josef I.,
S. M. König Eduard VII.,
Erzherzog Eugen,
Erzherzogin Elisabeth Franziska,
Erzherzogin Marie Valerie,
Erzherzog Josef,
Prinz Leopold von Bayern,
Prinzessin Gisela von Bayern,
Prinzen Georg und Konrad von
Bayern, Unterstaatssekretär Sir
Charles Hardinge, Generalmajor
Clarke, Oberstleutnant
Posonby, Generalmajor Fürst
Dietrichstein, Major Freiherr v.
Bronn, Hofdame Baronin Rodich,
Oberleutnant Freiherr v.
Nagel, Kammervorsteher Major
Freiherr v. Lederer und Hofdame
Gräfin Bombelles mit Oberst-
leutnant Pichler, der Gross-
britannische Botschafter Sir M..E.
Goschen, der Grossbritannische
Militärattaché Oberstleutnant
Herzog von Teck, der Minister
des Aeussern Freiherr v.
Aehrenthal, Botschafter Graf
Mensdorff, Zweiter Oberst-
hofmeister Fürst Montenuovo,
Generaladjutant G. d. K. Graf
Paar, Kabinettsdirektor Dr.
Ritter v. Schiessl, Hof- und Burg-
pfarrer Bischof Dr. Mayer und
Flügeladjutant Major Graf
Hoyos

MENU

in der

KAISER-VILLA ZU ISCHL

gegeben von

Sr. Majestät Kaiser Franz Josef I.

zu Ehren

Sr. Majestät des Königs Eduard VII.

am 12. August 1908

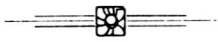

Gala-Déjeûner

Oglio en tasse

Écrevisses à la bordelaise

Filets Mignon à la maison d'or

Veuve Clicquot England demi-sec

Perdreaux à l'ancienne

Pêches à la cardinal

Beignets de fromage

Dessert

Brüder Rosenbaum. Wien

DINER

de Son Altesse Royale le Prince-Régent.

Munich le 6. dezembre 1903.

Härning
- Potage à la reine Hortense
- Turbotin, sauce Marguéry
- Cimier de faon à l'Allemande
- Chaud-froid de poulets en bellevue
- Canetons de Rouen rôti, salade
- Gâteau à la Palermitaine

Krupitz
- Glaces: aspérule et fraises
- Compote mêlée

Vins:

Vino santo
Château Haut Brion
Scharlachberger 1893.
Champagne Pommery
Malaga

Souper

de Sa Majesté le Roi

Schloß Berg, 13. Juin 1886

Consommé perles de Nizzam

Omelette au ris de veau

Poulet roti, sal. d'asperges

Compot d'abricots

Dies kleine Souper war am Abend des 13. Juni 1886 vorbereitet worden. Doch seine Majestät Ludwig II. von Bayern konnte es nicht mehr essen, denn am selben Abend ertrank der Märchenkönig mit seinem Leibarzt Dr. Gudden im Starnberger See bei Schloß Berg.

Königliche Tafel

München, 21. 6. 1886

Ochsenschweifsuppe
Königsseeforellen mit Bearnaiser Tunke
Kalbsrücken mit gefüllten Champignons
Fleischpastetchen nach Richelieu
Hühnerbrüstchen in Mayonnaise
mit Trüffeln
Königssorbet
Rehbraten mit Pfeffertunke
Salat und Kompott
Spargel mit Hollandaise
Gebackene „Igel" mit Weichseln
Gefrorenes aus dem Backofen

Dieses Trauermahl wurde in der Residenz zu München nach der
Beisetzung Ludwigs II. gegeben. Der König war tot, es lebte
und regierte der Prinzregent. Souper und Trauermahl hat der
Hofkoch Hierneis in seinem Büchlein »Der König speist« überliefert.

KÖNIGLICHE TAFEL.

REGENSBURG
DEN 10. MAI 1910.

SPEISEN

Hühnersuppe

Seelachs

Ochsenlende mit jungen Gemüsen

Kalbskopf

Hummern

Regensburger Kapaunen mit Kopfsalat

Spargel

Halbgefrorenes

Käse und Käsegebäck.

WEINE

Madeira

Château Larose 1890

Deidesheimer Geheu 1904

Champagner Mumm

Malaga.

PROGRAMM

1. „Moltke", Marsch . . . . *C. Kistler*

2. Kriegerische Jubel-Ouverture . . . . *P. Lintpaitner*

3. „Historische Märsche" nach authentischen Quellen
   bearbeitet . . . . *E. Kaiser*

4. „Wittelsbacher Fanfare" . . . . *L. Kleiber*

5. Vorspiel z. Oper: „Die Meistersinger von Nürnberg" *R. Wagner*

6. Einzug der Götter in Walhall aus „Rheingold" *R. Wagner*

7. Neuere deutsche Lieder, bearbeitet . . . . *A. Parlow*

8. „Rheinsagen", Walzer . . . . *H. Necke.*

9. „Militärfanfare" . . . . *J. Ascher*

10. Marsch a) „Oranien-Gelderland"
    b) „Marsch von Sardinien" . . . . . . *Th. Grawert.*

Musik des königl. bayer. 11. Infanterie-Regiments „Von der Tann',
Kgl. Obermusikmeister **Leonhard Kleiber.**

Ambassade de France

Moscou

Mercredi 7 octobre 1970

DÉJEUNER

en l'honneur du

**Præsidium du Soviet Suprême
de l'Union des Républiques
Soviétiques Socialistes
et du
Gouvernement Soviétique**

Foie gras truffé des Landes

Suprême de turbot Galliera

Longe de veau Forestière

Salade de laitue

Fromages

Vacherin glacé à la framboise

Fruits

Château Yquem 1955

Corton Charlemagne 1967

Château Haut-Brion 1962

Taittinger «Comtes de Champagne» 1961

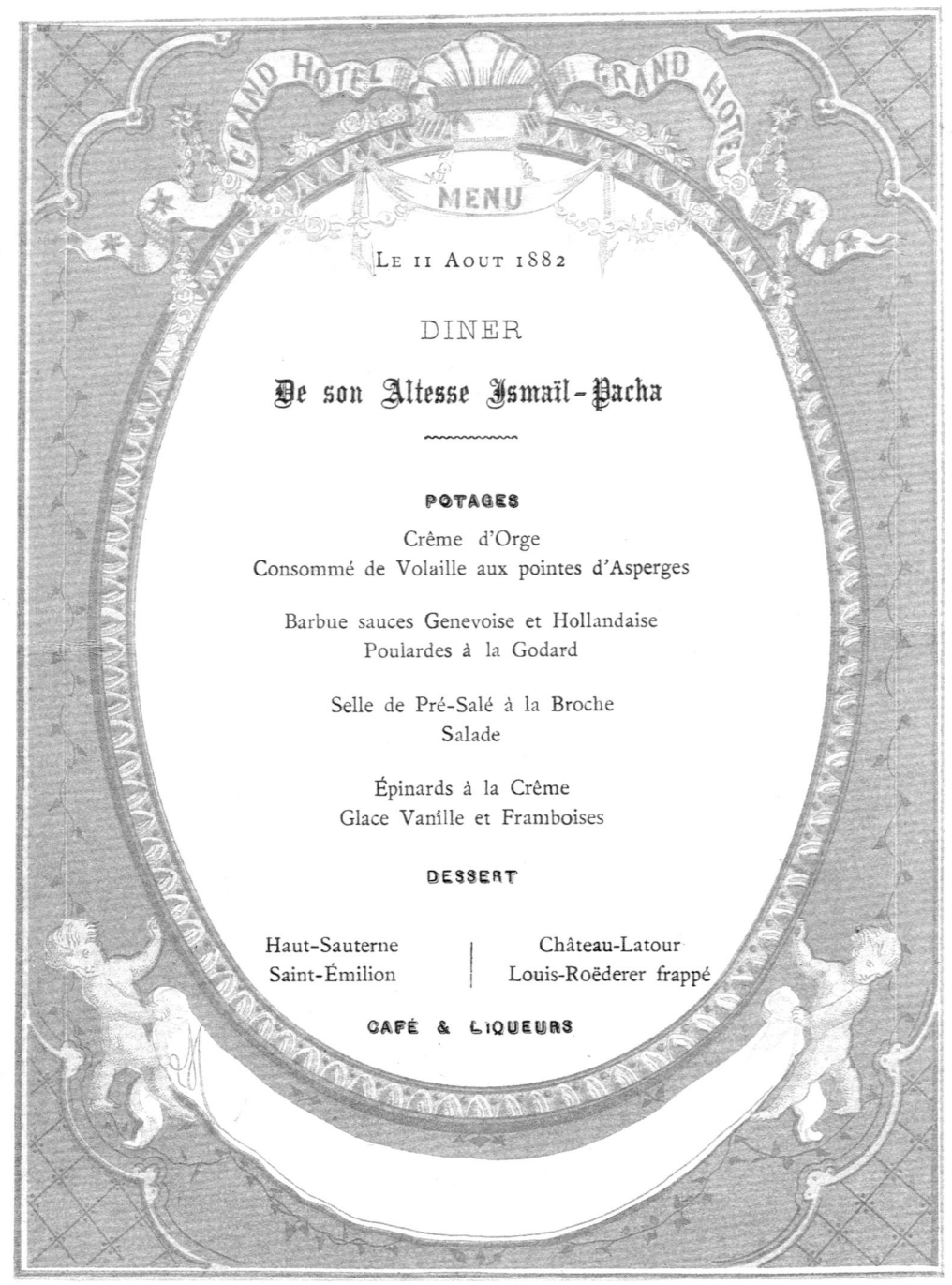

GRAND HOTEL — GRAND HOTEL

MENU

Le 11 Aout 1882

DINER

De son Altesse Ismaïl-Pacha

POTAGES

Crême d'Orge
Consommé de Volaille aux pointes d'Asperges

Barbue sauces Genevoise et Hollandaise
Poulardes à la Godard

Selle de Pré-Salé à la Broche
Salade

Épinards à la Crême
Glace Vanille et Framboises

DESSERT

Haut-Sauterne   Château-Latour
Saint-Émilion   Louis-Roëderer frappé

CAFÉ & LIQUEURS

Haus Doorn, den 30. Januar 1939.

Königliche Abendtafel

Hummersuppe

Lachsforelle Moskauer Art

Brüsseler Poularde, Risibisi

Weingelee Danziger Art

Seit gut zwanzig Jahren lebte damals der Exkaiser Wilhelm des Deutschen Reiches im holländischen Exil, aber er hielt immer noch königliche Abendtafel.

SPEISEN-FOLGE

Beluga-Kaviar auf Eissockel

Toulouser Suppe

Hummer auf amerikanische Art

Edel-Krebse in Dill

Lüneburger Heidschnucken mit Beilagen

Frische Straßburger Gänselebern in Kruste

Gefüllte Wachteln mit Chaudfroid-Tunke

Winsener Masthühner mit Rebhühnern
    umlegt

Salat und gesüßte Früchte

Frische Edelpilze vom Solling mit
    grünen Spargeln

Pfirsiche von Lohne auf Melbas Art

Käsegebäck

Früchte

Burgeffs Jubiläums-Cuvée „Reich"

1891. Léoville Barton
1904. Saarburger

1904. Piesporter Graf Kesselstatt beste Beeren-Auslese

Grand vin 1888. Chât. Margaux

1893. Hallgarter Hendelberg, Auslese

Grand vin 1877. Chât. Lafite

Heidsieck Monopol

FESTMAHL
ZU EHREN
SR·MAJESTÄT DES KAISERS UND KÖNIGS
WILHELM II.
UND
JHRER MAJESTÄT DER KAISERIN UND KÖNIGIN
AUGUSTE VICTORIA
DARGEBRACHT VON DEM
PROVINZIALLANDTAG DER PROVINZ HANNOVER
AM 26. AUGUST 1907.

Speisekarte des Maison Dorée für ein Wohltätigkeitsdiner im Jahr 1887. Die Einnahmen kamen notleidenden Kindern zugute.

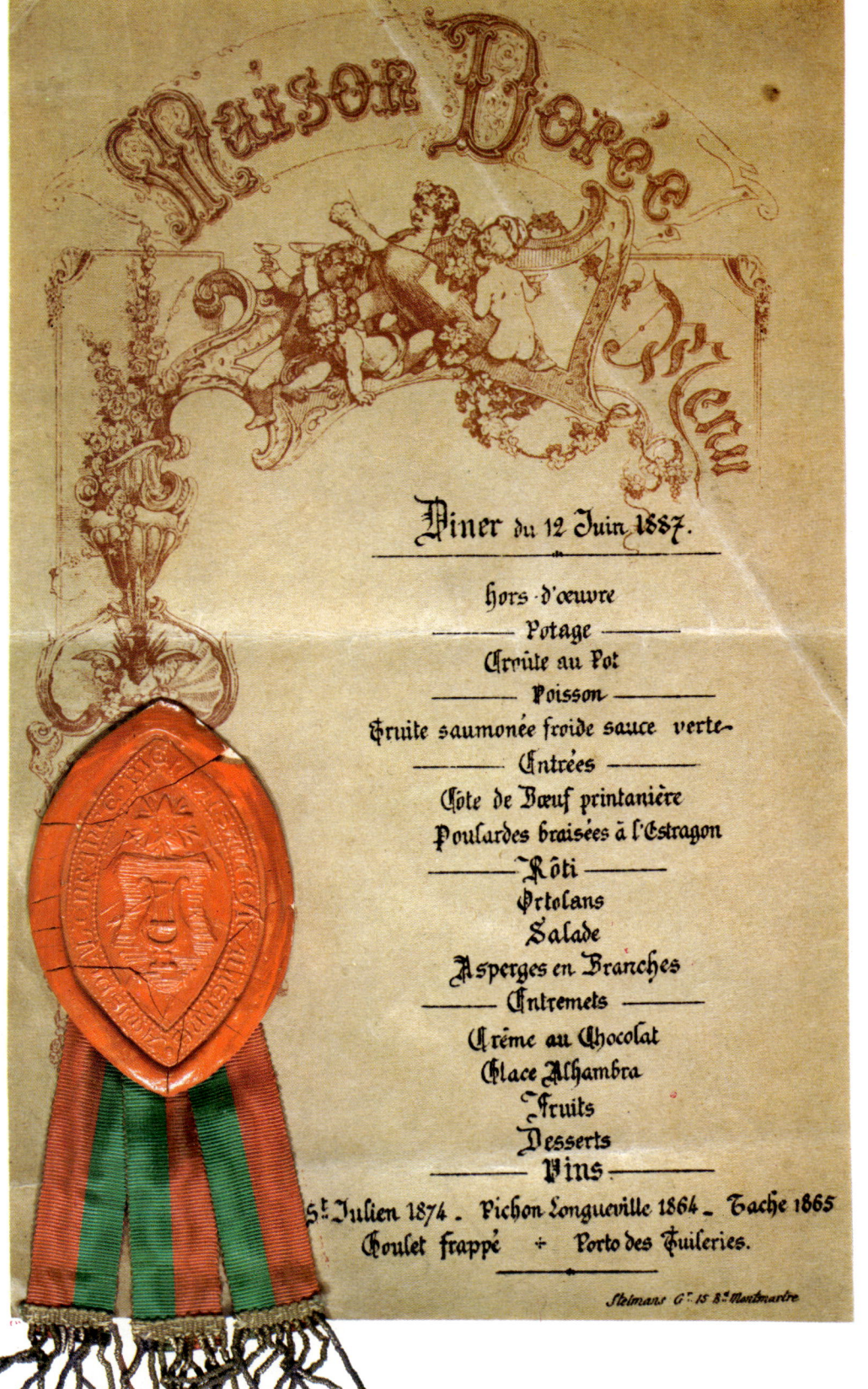

Maison Dorée

Menu

Diner du 12 Juin 1887.

Hors d'œuvre

Potage

Croûte au Pot

Poisson

Truite saumonée froide sauce verte

Entrées

Côte de Bœuf printanière

Poulardes braisées à l'Estragon

Rôti

Ortolans

Salade

Asperges en Branches

Entremets

Crême au Chocolat

Glace Alhambra

Fruits

Desserts

Vins

St Julien 1874 — Pichon Longueville 1864 — Tache 1865

Goulet frappé ÷ Porto des Tuileries.

Stelmans G. 15 B. Montmartre

So tafelte man in Petersburg 1879 bei der Vermählung der Großherzogin Anastasia von Mecklenburg-Schwerin mit dem russischen Zaren.

MENU

du 12/24 Janvier 1879.

Potages : tortue à l'américaine
Princesse
Petits pâtés
Sterlet à l'Impériale
Boeuf à la Richelieu
Timballes de volaille
Chaud froid de mauviettes
Asperges en branches
Roti poulardes du Mans, faisans
Salade
Corbeille à la printanière
Fruits — Dessert

3. Juli 1898.

Hans
der Israel

Die Gründerzeit hat auch die bürgerliche Gesellschaft reich und nobel gemacht. Da brauchte man
nicht mehr »von« zu sein, um ein elegantes Diner
zu geben oder das Fräulein Tochter mit einem
exquisiten Hochzeitsmahl zu ehren.

Menu.

Ragout fin en casseroles — Sherry

Potâge d' ecrivisses

Truites bleu & Sammon dü Rhin — 1892 Rüdesheimer
Pommes de terre naturelles — 1890 Medoc

Roastbeef à la Portugaise

Châpons à la Demidoff

Ponche Romaine

Selle de chevreuil — 1889 Marcobrunner
Salade & Compôte

Asperges en branches
à la mouseline

Plats assorties

Glaçes pannaché
Patisserie & Tourtes — Kupferberg Gold,

Fromage & beurre
Fruits & Dessert.

PROGRAMM.

Brautchor aus Lohengrin . . . WAGNER

Ouverture Adelina . . . . . . LATANN

Fantasie aus Tannhäuser . . . WAGNER

Sirenenzauber Walzer . . . . . Waldteufel

La Paloma . . . . Yradier

Trubel Jubel Quadrille . . . . FAUST

Boccaccio Potpourri . . . . . . SUPPÉ

Wildfang Galopp . . . . STEIGER.

Tischregeln für Herren.

Vergiß das Trinken nicht beim Essen!
Es reut Dich and'ren Tags, mein Sohn;
Haft du das Trinkgeld mal vergessen,
Der Schmerz erträgt sich leichter schon.

Haft Du vorm Redenhalten Schrecken,
Schlag' ohne Angst nur an Dein Glas.
Im schlimmsten Falle bleibst Du — stecken.
Das macht oft mehr als Reden Spaß.

Und tritt 'ne Stille ein, 'ne große,
Sei sie zu heben stets bestrebt!
Schnell ein Compot auf Nachbars Hose;
Du sollst mal sehen, wie das belebt.

Tischregeln für Damen.

Auch ihr sollt Manches nicht vergessen.
Laßt euren Nachbar schön in Ruh,
Bis er drei Gänge hat gegessen,
Dann hört er euch geduldig zu.

Hierfür sollt dankbar ihr euch weisen
Durch schöne Blicke, dies und das.
Die Frau wird man am lautsten preisen,
Die emsig füllt des Nachbars Glas.

Doch wer da zählt mit Argusaugen
Wieviel der Gläser trinkt, das vis-à-vis,
Ja solche Maid mag uns nicht taugen,
Ein flotter Bursch' heirat sie nie.

An Bord

LUFTHANSA

BOEING Jet

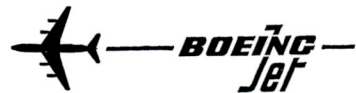

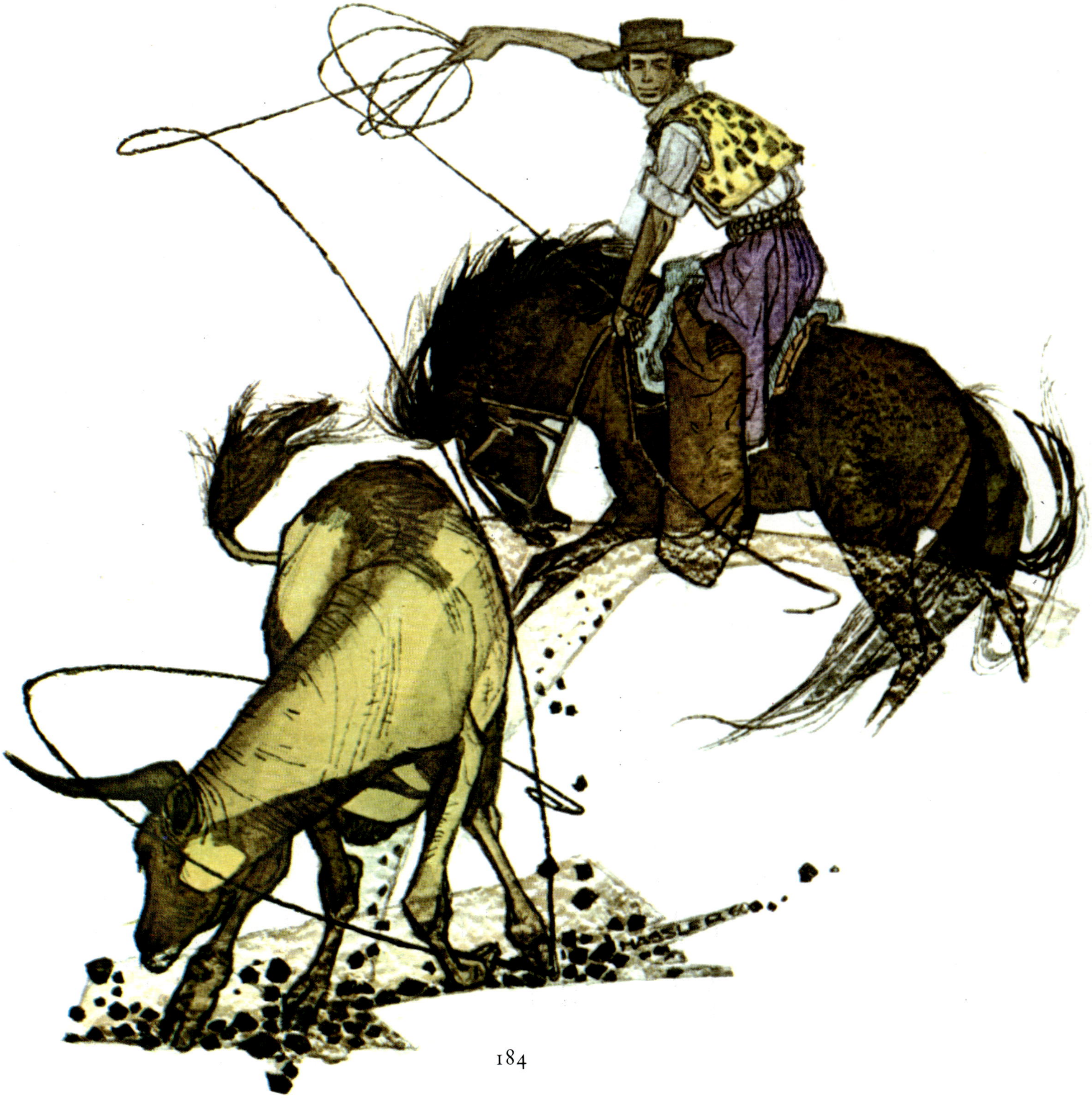

FRANKFURT - PARIS

Getränke zur Auswahl

PARIS - DAKAR

NACHTIMBISS

Ungarische Goulaschsuppe

×

Feinste Spezialitäten
vom rollenden kalten Buffet
Verschiedene Brotsorten und Butter
Bier vom Faß und Steinhäger

×

Obstkorb

DAKAR -
RIO DE JANEIRO

FRÜHSTÜCK

Frische Pampelmuse
oder
Fruchtsaft
Joghurt
Cornflakes
Kaffee, Tee oder Schokolade
Brötchen, Brot
Butter
Konfitüre, Honig
Eierspeisen
Aufschnitt
Käse
Frischer Obstsalat mit Nüssen

RIO DE JANEIRO -
SAO PAULO

Eiserfrischung
Pralinen

SAO PAULO -
MONTEVIDEO/
BUENOS AIRES

MITTAGESSEN

Frische Languste, Sc. Mayonnaise
Krevetten, Sc. Americaine
Gefüllte Schinkenröllchen
Geflügelsalat Henry IV
Pfefferschoten nach orientalischer Art
Spargelspitzen, garniert
Getrüffelte Straßburger Gänseleber
Beluga Malossol Kaviar

×

Tomatenkremsuppe

×

Tournedos Rossini
Auberginen und Spargel
Pariser Kartoffeln
Gemischter Salat

oder

Suprême von Poularde Maryland
Prinzeßbohnen in Butter
Kartoffelkroketten
Gemischter Salat

×

Eisbombe „Senator"
oder
Ananaskrem

×

Käseplatte

×

Obstkorb

×

Mokka

×

Cognac · Liköre

×

Pralinen

Getränke zur Wahl

BUENOS AIRES -
SANTIAGO DE CHILE

KAFFEEGEDECK

Kaffee, Tee oder Schokolade
Verschiedenes Gebäck, Torte

Polar Menu

CELEBRATING THE INAUGURATION OF THE NEW **SAS** POLAR ROUTE BETWEEN
THE FAR EAST AND EUROPE VIA THE NORTH POLE FEBRUARY 24TH, 1957.

CHICKEN SALAD MADRILENE

•

SCANDINAVIAN COLD PLATE

•

CHEESE AND CRACKERS

•

NORTH POLE SURPRISE

•

COFFEE

Luncheon

Cocktails: Tomato juice   -   Pineapple juice

APPETIZERS

Busseto Galantine   Tuna fish salad Matélotte
    Mixed olives   Butter   Tomatoes with origan

SOUPS

Hot or cold consommé in cup
Pastina or stracciatelle in broth
White beans soup

FARINACEOUS

Vermicelli with tomatoes sauce or with butter

READY DISHES

Broiled tenderloin steaks
Browned potatoes
Buttered beets
Lettuce salad

DESSERT

Fruit tart

CHEESES

Gruyére - Fior d'Alpe
Salted biscuits

FRUITS

Oranges - Apples

Italian and American coffee - Tea

Red table wine

Tn. "ANDREA DORIA„

ITALIAN WINE SUGGESTION

WHITE:

Calissano secco $ 0.55

RED:

Grignolino Calissano $ 0 55

Martedì 4 Maggio, 1954
Tuesday, May 4, 1954

Gelegenheit für fünf und mehr Gänge, vorgeplant oder ganz unerwartet. Der erste Passagierflug über den Nordpol (links) und die letzte Fahrt des großen italienischen Fahrgastschiffs »Andrea Doria«, das im Atlantik vor der US-Küste versank.

Speisenfolge

Sevruga-Malossol-Kaviar auf Eisblock, Butter, Toast
Garnelen-Cocktail
Geräucherter Astrachan-Stör
Spanische Melone mit Neuenahrer Rauchfleisch
Königin-Oliven

Pistazien-Rahmsuppe mit Schinkenmus-Klößchen
Klare Schildkröten-Suppe mit Sherry Amontillado
Heiße oder geeiste Kraftbrühe

Holsteinischer Karpfen blau, Zerlassene Butter, Sahnemeerrettich
Olivenkartoffeln

Amerikanische Hochrippe, Bratensaft
Prinzeßbohnen, Yorkshire-Pudding
Pont Neuf-Kartoffeln

Kalbssteak nach Walterspiel
(Doppeltes Kalbssteak gefüllt mit Gänseleberparfait)
Blumenkohl Holländisch, Berny-Kartoffeln

Brüsseler Kapaun Clamart, Giblettunke

Kopfsalat »Bonne Santé«

Eisbecher »Pfirsich Melba«
Vanille-, Schokoladen-, Jamaika/Nougat-Rahmeis, Waffeln
Erdbeer-Schichtkuchen   Feines Gebäck
Birnenkompott   Mandarinenkompott

Käseplatte
Frische Früchte
Mokka

S. S. »HANSEATIC«
HAMBURG-ATLANTIC LINE

Dienstag, 29. Dezember 1964

CAPTAIN'S DINNER

Preis = Verzeichnis

festgesetzt von der Königlichen Eisenbahn-Direktion Danzig.

Die Reisenden werden gebeten, die Speisetische ¼ Stunde vor Beginn der gemeinschaftlichen Mahlzeit zu räumen.
Die Reisenden werden gebeten, beim Einschänken der Getränke das Glas in die Hand zu nehmen.

Warme Speisen.

	Mk.	Pf.
1 Tasse Tagessuppe	—	40
1 „ Bouillon mit Brötchen	—	40
1 „ „ „ und Ei	—	50
1 Beefsteak von Filet } mit Kartoffeln	1	60
1 Kalbs-Kotelett }	1	30
1 Ungarisches Kalbs-Kotelett mit Kartoffeln . . .	1	50
1 Wiener Schnitzel } mit Kartoffeln	1	30
1 Entre-Côte }	1	50
2 Hammel-Koteletts }	1	50
1 Portion Bratkartoffeln	—	25
1 „ Rühr- oder Spiegeleier (3 Stück) . . .	—	75
3 Rührreier mit Schinken eingebacken	1	—
3 Setzeier mit Schinken untergebacken — Ham and eggs — oder Schinken besonders	1	25
3 Rührreier mit Schinken besonders	1	25
1 Omelette naturell (4 Eier)	1	—
1 „ aux confitures (3 Eier)	1	25
1 Paar Frankfurter Würstchen	—	50
1 Portion Schoten, Brechspargel oder Bohnen . .	—	50
1 „ Stangenspargel mit Butter	1	25
1 Ei gekocht	—	20

Kalte Speisen.

	Mk.	Pf.
1 Originalbüchse Oelsardinen	—	80
½ Lachs-Brötchen 0,40, ¼ Lachs-Brötchen . . .	—	75
1 Portion Lachs	1	50
1 „ kalten Aufschnitt mit Brot und Butter .	1	25
1 „ Schinken mit Brot und Butter	1	25
1 „ Ochsenzunge mit Brot und Butter . . .	1	50
Verschied. belegte Brötchen, Stck. (½ Brötchen 0,20)	—	40
„ „ mit Zunge oder Sardellen . . .	—	60
Salat	—	30
1 saure Gurke	—	25
1 Portion Schweizer od. Eidamer Käse m. Brot u. Butter	—	40
1 Portion Camembert mit Brot und Butter . . .	—	50
1 „ Kompott	—	50
Kuchen oder Zwieback	—	25
1 Portion Butter	—	20
1 Paket Baumkuchen (Hoflief. Carl Jaedicke in Berlin)	—	75
Früchte je nach Jahreszeit		
1 Zitrone	—	30
1 trockenes Brötchen	—	05
1 Butterbrötchen	—	15
Dessert-Schokolade (von Otto Rüger, {	—	25
Lockwitzgrund bei Dresden) {	—	50
{	—	75
1 Paket Leibniz-Keks	—	25

Getränke.

	Mk.	Pf.
1 Portion Kaffee (Hofl. Hugo Klose in Berlin)	—	40
1 „ Tee	—	50
1 „ Schokolade oder Kakao von Otto Rüger, Lockwitzgrund bei Dresden	—	50
1 „ Kaffee mit Butter, Brot und Zwieback . .	1	—
1 Mokka	—	60
1 Glas Milch	—	20
1 Flasche Limonade „Essenz oder frische Zitrone"	—	30
1 „ Selters	—	25
1 „ Königlich Selters	—	50

'24

Spielkarten 1 Mark.

Getränke.

	¼ Flasche
1 Flasche Mattonis (Giesshübler)	
1 „ Krystall-Export-Bier aus der Patzenhofer Brauerei	
1 „ Bier, Pschorr-Bräu	

Rhein-Weine.

	Mk.	Pf.
Hochheimer . . . } Deinhard & Co., Coblenz.	2	50
Liebfraumilch . . }	4	—
Rüdesheimer Berg }	5	—

Mosel-Weine.

	Mk.	Pf.
Brauneberger . . } Deinhard & Co., Coblenz.	2	—
Erdener . . . . }	3	—
Josefshöfer Berncasteler Riesling	4	—

Deutsche Rotweine.

	Mk.	Pf.
Ahrweiler Berg, eigenes Gewächs . . . . } von Alb. Kreuzberg & Co., Ahrweiler.	2	—
Walporzheimer . . . . }	2	50

Bordeaux-Weine.

	Mk.	Pf.
Haut Margaux . . . } Reidemeister & Ulrichs, Bremen.	3	—
St. Julien Cussac . . }	4	—
Grand Pauillac . . . }	5	—
Château Beychevelle } Blankenburg & Co., Bordeaux.	4	—

Deutscher Schaumwein.

	Mk.	Pf.
Gebr. Hoehl, schwarze Marke trocken	5	50
Deinhard Cabinet	7	50

Champagner-Weine.

Im Zollinland auf Flaschen gefüllt

	Mk.	Pf.
Mercier, Extra Qualité sec	8	—

In Frankreich auf Flaschen gefüllt

	Mk.	Pf.
Pommery & Greno sec	15	—

Getränke.

	Mk.	Pf.
1 Glas alter Sherry	—	75
1 „ „ Portwein	—	75
1 „ Cognac, Bisquit Dubouché & Co.*	—	30
1 „ „ ***	—	50
(„Französ. Cognac, „Original-Flaschenabzug")		
1 Glas Chartreuse (gelb)	—	60
1 „ Benediktiner	—	60
1 „ Cointreau Triple sec	—	60
1 „ Underberg-Boonekamp . . .	—	25
1 „ Wodki, echt russischer	—	50
1 „ Cherry-Brandy } von der „Union" A. G. in Leipzig-Mockau.	—	40
1 „ Korn . . . . }	—	20
1 „ Kurfürstlicher Magenbitter aus dem Lachs in Danzig . . .	—	25
1 „ echter Jamaica Rum	—	30
1 „ Mampe Halb und Halb extra . . } v. Carl Mampe, Berlin	—	25
1 „ Getreide-Kümmel }	—	20
1 „ Whisky (Scotch) John Dewar & Sons	—	50
1 „ Grog von echtem Jamaica Rum	—	60
1 „ „ Cognac	—	75

Mittagsmahl.

3 M. (für Kinder bis zu 10 Jahren 2 M.),
bestehend aus 6 Gängen.
Suppe. — Fisch od. Vorspeise — Gemüse m. Beilage.
Braten. — Kompott, Salat. — Mehlspeise.
Butter und Käse.

190

	Pf.
	50
	30
	40

	Flasche Pf.	¼ Fl.
	25	—
	50	
	50	—
	10	—,70
	25	
	50	—
	50	—
		—
	25	
	50	

Postkarten mit Ansichten vom Speisewagen Stück 10 Pf. (ohne Marke).

Deutscher Eisenbahn-Speisewagen-Betrieb
G. Kromrey & Söhne
CHARLOTTENBURG, Stuttgarter Platz 8.
Hofl. Sr. Maj. des Kaisers u. Königs.

Speisewagen
im Zuge D 55/56
Berlin—Posen—Thorn—Eydtkuhnen.

Preis-Verzeichnis
für
Speisen und Getränke.

Die Kellner brauchen während des gemeinsamen Mittagsessens in den Monaten Mai bis einschl. Oktober im D-Zuge 55 in der Zeit von 11—2¼ (im D-Zuge 56 in der Zeit von 11—2½ Uhr), in den übrigen Monaten von 11 bis 2½ Uhr Bestellungen auf Speisen nicht anzunehmen.

Die Gäste werden gebeten, ¼ Stunde vor Beginn der gemeinschaftlichen Mahlzeiten die Speisetische zu räumen.

No. 224.　　　Druck: Beyer & Boehme G. m. b. H., Berlin S. 42.　　　1. 5. 1912.

MENU

zur

Vermählungs-Feier

des

Fräulein **Rosa Falk**

mit

Herrn **Hermann Koppel**

im „Continental-Hotel"

am 12. Januar 1896.

Königin-Suppe.   (Sherry.

Rheinlachs   (Rüdesheimer.

mit Krebssauce und zerlassener Butter.

Roastbeef, garnirt   (Pontet Canet.

Madeira-Sauce u. Herzogin-Kartoffeln.

Stangenspargel | geback. Kalbsbriesen.

Junge Kaiser-Schoten | versch. kalte Beilag.

                   (Marcobrunner.

Blätterteig-Pastete   (Chateau Larose.

mit Geflügel und Edelpilzen.

Rehrücken.   (Champagner.

Salat und eingemachte Früchte.

Gefrornes nach Fürst Pückler.

Baumkuchen.

Versch. Käse.

Obst.   Nachtisch.

—

Kaffee.

Therese Samson

Menu
zur Feier des 28 April 86
Ochsenschwanzsuppe
Nierenpastetchen
Kalbsragout mit
Erbsen
Lummelbraten
Fasan
Rebhuhn
Ananaseis
Nachtisch
Zigarren

Inauguration Internationale des Chemins de Fer.
BELGES-FRANÇAIS.

BANQUET
du 15 Juin 1846.

Salle du Grand Concert à Bruxelles.

Premier Service.

Potage à la Crécy.
Potage à la Tortue.
Turbot, sauce aux Crevettes.
Filets de Bœufs à la Toulouse.
Têtes de Veaux à la belle-vue.

ENTRÉES.

Poulets nouveaux truffés, braisés.
Aspic à la provençale.
Épigramme à la Jardinière.
Croustade de Macaroni aux truffes.
Mayonnaises de Volailles.
Salade de filets de sole, à l'Italienne.
Pâtés chauds à la financière.
Cannetons aux petits pois.

Second Service.

Chapons truffés.
Terrines de foie gras.
Jambon de Westphalie.
Saumon au bleu.
Buisson de Homards.

PIÈCES MONTÉES.

Artichauts à la sauce.
Petits pois à la Française.
Croûte aux Champignons.
Haricots verts, nouveaux.

Gâteaux Turcs.
Gâteaux de mille feuilles.
Gelée au kirch.
Gelée d'oranges.

Entre les deux services : Punch au kirch glacé.

DESSERT.

Glaces, Ananas, Raisins nouveaux, Fraises.
Café et Liqueurs diverses.

Alp. Dubos, Restaurateur, Fossé aux Loups, Bruxelles.

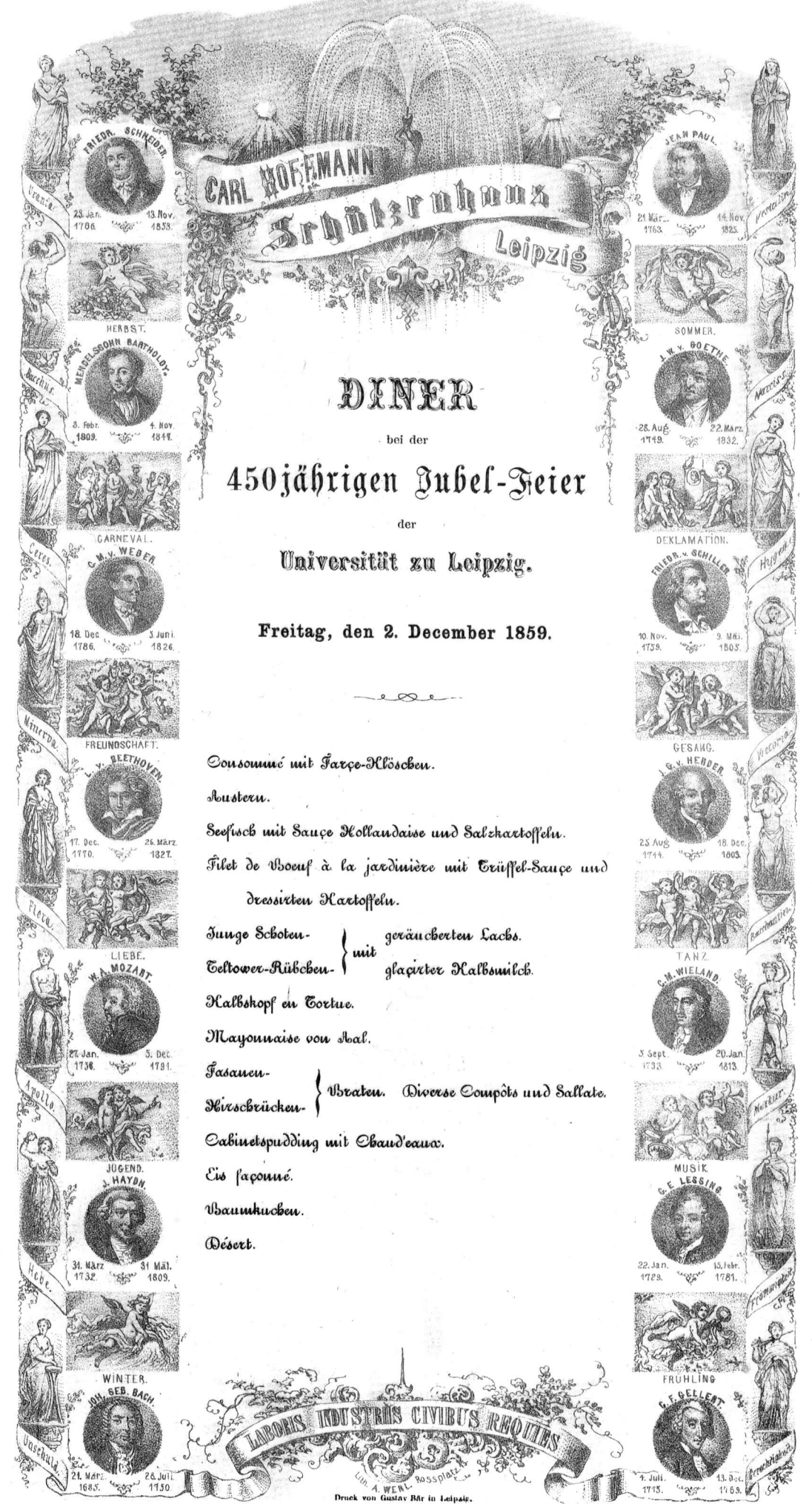

DINER

bei der

450jährigen Jubel-Feier

der

Universität zu Leipzig.

Freitag, den 2. December 1859.

Consommé mit Farçe-Klösschen.

Austern.

Seefisch mit Sauce Hollandaise und Salzkartoffeln.

Filet de Boeuf à la jardinière mit Trüffel-Sauce und
dressirten Kartoffeln.

Junge Schoten- ⎫ geräucherten Lachs.
               ⎬ mit
Teltower-Rübchen- ⎭ glacirter Kalbsmilch.

Kalbskopf en Tortue.

Mayonnaise von Aal.

Fasanen- ⎫
         ⎬ Braten. Diverse Compôts und Sallate.
Hirschrücken- ⎭

Cabinetspudding mit Chaudeaux.

Eis façonné.

Baumkuchen.

Désert.

Druck von Gustav Bär in Leipzig.

BRÜHL, 15. OCTOBER 1880.

Potage impérial;
Consommé à la Princesse.

Saumon du Rhin garni, sauce Waterfish.

Pièce de boeuf à la flamande;
Fricandeau de veau à la béchamel.

Grives farcies aux truffes,
Filets de bécassines grillés aux cèpes.

Homards et soles en belle vue;
Pâté de jambon à la gelée.

Selle de chevreuil rôtie, gelée de groseilles;
Poulardes rôties, salade.

Céleri à la moëlle;
Petits pois à la française.

Gelée de pêches au vin de champagne;
Charlotte à la Chateaubriand

Glaces, Gaufrettes?

Dessert.

Abendtafel

Suppe nach Peter dem Großen

Rheinlachs mit Crevettenfauce
1897 Scharzhofberger

Kalbsfteaks
Blumenkohl und Tomaten

Gefüllte Trüffeln in Galierte
1878 Château Brannaire Ducru

Wachteln, Kopffalat
1887 Royal Charter trocken
1895 Royal Charter füß

Altenburger Bombe

Käferollen

Obft, Deffert

Tifchweine: 1903 Cafeler Bifchöfliches Konvikt Trier
1899 Château Cos Labory

Hügel, den 6. Mai 1907

◁ Festessen beim
Kölner Dombaufest.

Natürlich speiste auch ▷
Kanonenkönig Krupp
fürstlich.

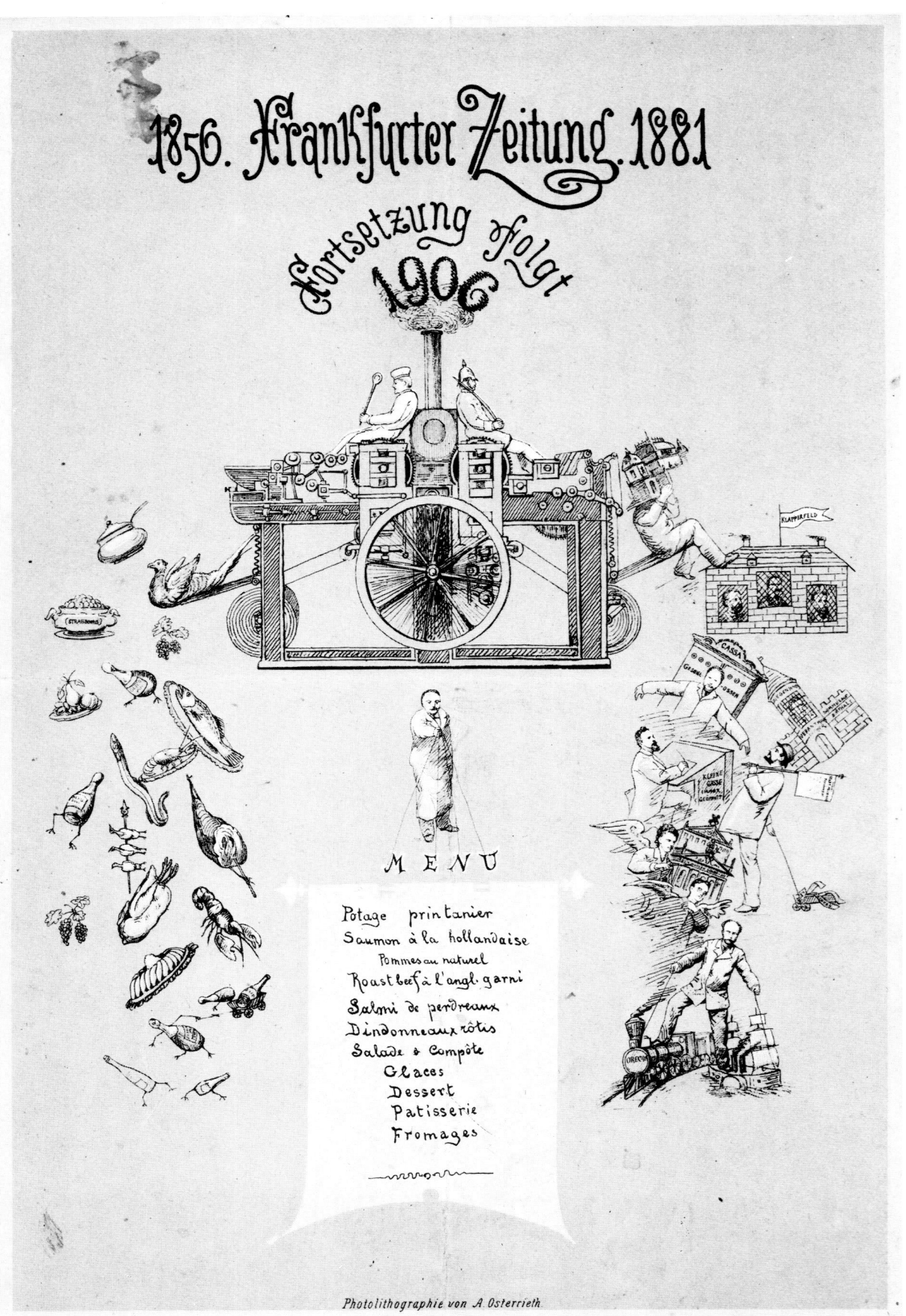

Premierenfeier für den
25. Edgar-Wallace-Krimi

Constantin-Film

Unser Scharfrichter empfiehlt heute:

DAS GROSSE
EDGAR WALLACE-MENU
BALLMENU

Galgenvogel-Gekröseparfait „Weiße Nonne"
mit Giftpilzen in Feuerwasser-Gelée, Brecheisenbeilage
und Nebelschwaden
Getrüffeltes Straßburger Gänseleberparfait in Hennessy-Cognacgelée
Butter und Toast

Gefängnissuppe „Dartmoor"
Doppelte Kraftbrühe à la Maison

Rückensteak von gemästetem Polizeihund
Mastkalbsrücken „schöne Gärtnerin", Kartoffelkroketten

oder

Gespickter Ganovenschenkel mit hausgemachten Kraftwunden
Gespickte Rehkeule, Sahnensauce,
Rotweinkraut, hausgemachte Eierspätzle, Preißelbeeren

Schreckens-Eis mit Gruselbeeren im Stacheldraht-Körbchen
Waldhimbeeren mit Vanilleeis im Körbchen

Gedeck DM 18,– (ohne Vorgericht DM 15,–)

VOHRER-GERICHTE:
SUPPEN:

1	Moorwasser mit Schlammeinlage „Blackwood Castle" Helgoländer Hummersuppe	2,–
2	Blutgerinsel in Pistolenöl Kraftbrühe mit Lebernockerl	1,60
3	Arrestzellen-Brühe im Original-Blechnapf Doppelte Kraftbrühe à la maison	2,–
4	Echte Reptiliensuppe „Zinken" Echte Schildkrötensuppe	2,50

AMTSGERICHTE:
WARME SPEISEN:

5	Große Hausplatte „Scotland Yard" mit Messerstichen und garnierten Leichenfingern Hauspastete mit Hühnerbrust, Champignons	5,–
6	Toter Hexer vom Rost mit pikantem Handschellen-Salat und Glassplitter-Tunke Edellachs aus norwegischen Fjorden vom Rost	10,–
7	Gebratenes Gangster-Nierenstück mit Schockgemüse Gebratenes Kalbsnierenstück, feine Gemüse in Butter geschwenkt	6,50
8	Erwürgtes Gespenst mit Knödeln und Peitschenhieben Knuspriges Spanferkel, Kartoffelknödel, Krautsalat	8,50
9	„Schwarzer Abt", rosa gebraten mit blauen Bohnen Roastbeef rosa gebraten, Butterbohnen, pommes frites	6,70
10	½ gerupftes Mordopfer mit Todesgeschrei und Zähneklappern ½ Vierländer Mastente, Bratapfel, Rotweinkraut	8,–
11	½ Gerippe nach Testamentfälscher-Art ½ Edelfasan, Champagnerkraut, Kartoffelkroketten	10,–
12	Erschlagener Inspektor mit Soho-Beilagen Gespickter Rehrücken, Sahnensauce mit frischen Champignons, gefüllte Birne	11,–
13	Bettlerknochen mit original Schußkanal Kalbslendchen „Béarner-Art", frische Champignons, Kartoffelkroketten, Tomaten- und Spargelsalat	9,–
14	Safeknacker-Filets mit Sauerstoffgebläse Filets Mignons nach Rossini, getrüffeltes Gänseleberparfait, Sauce Madeira	

LANDGERICHTE:
KÄSE:

15 Schottischer Schlagring, irischer Dolch, engl. Knüppel   3,–
    Camembert, Emmentaler, Gervais, Butter und Brot

16 Galgenstrick „Higgins" mit Wolfsgeheul   3,30
    Roquefort, Butter und Toast

17 Hohle Drachenzähne, echt „Heinz"   1,20
    Butter und Toast

STRAFGERICHTE:
DESSERTS:

18 Giftbecher „Seltsame Gräfin"   3,20
    Eisbecher „Mathäser-Spezial"

19 Glasaugen „Sir John" mit Schurkensalat und
    Big-Ben-Spitzen   3,50
    Waldhimbeeren mit Vanilleeisparfait im Körbchen

20 Karin-Tränen (Dor und Baal gemischt)   2,20
    Gemischtes Kompott

21 Leipnitz-Kekse, echt „Harald"   3,50
    Obstsalat mit Kirsch und Kleingebäck

WIR SERVIEREN DIE GANZE NACHT:

22 Blutsuppe „Henker von London"   2,–
    Ungarische Goulaschsuppe

23 1 Paar heiße Polizeifinger à la Blacky   2,20
    1 Paar Weißwürste

24 2 Paar Mörderhände englisch, sehr scharf
    (auf Wunsch besonders roh)   2,20
    2 Paar Schweinswürstel mit Kraut

25 Maskierter Frosch im Schlangenkäfig,
    reich mit Totenglöckchen garniert   2,75
    Riesenbockwurst mit Mayonnaisensalat

26 Belegte Heftpflaster mit Schorf versch. Blutgruppen   2,60
    Belegte Brote mit Wurst, Käse, rohem oder gekochtem Schinken

27 Gehackter Giftzwerg „Zimmer 13" mit Schalldämpfer   6,–
    Beefsteak „Tartar" mit Butter und Brot

28 Falschgeldschnitzel „Harald Unreinl"
    mit grünen Bogenschützen und roten Kreisen   6,–
    Roastbeef kalt, sce. remoulade, mixed pickles

Ratskeller München

Jetzt laßt's es Euch schmecka in Gott's Nam
Ess'n und Trinka halt Leib und Seel z'samm.

Für a kräftige Supp'n hat a Ochs müss'n sterb'n,
Würstl und Pfannkuch'n soll'n drin net verderb'n.

Also eßt's d' Supp'n fei hoaß, taucht's an Löffl ei',

vom Kaibi der Buckl kimmt glei hinterdrei,
Semmelknödl dazua und an g'mischt'n Salat,
weil's zum Kaibibrat'n an feinst'n G'schmack hat.

Na gibt's an Kas und a nahrhaftes Brot,
bei dem Ess'n leid't bei uns gewiß neamd a Not.

Und d' Liesl wenn abischaut, sicht's Eich ess'n und lacha,
sagt's recht hams, was bessers kinnas net macha.
Und wünscht Eich an g'seg'ten Appetit a no g'schwind
und bedankt si' für's Brünnerl, weil's plätschert und rinnt.

München, den 27. Juli 1961

Die Partnerin des philosophischen Komikers Karl Valentin, Liesl Karlstadt, bekam in München auf dem Viktualienmarkt ein Denkmal. Und beim Festessen nach der Einweihung gab es Münchner Schmankerl. Der beliebte Thomas Wimmer, Ex-OB, und der damalige Münchner OB Hans Jochen Vogel unterschrieben.

ᴅᴇʀ Sᴘᴇɪsᴇɴ Fᴏʟɢᴇ

zum Festmahl der Landeshauptstadt

MÜNCHEN

die ihr 800jähriges Bestehen feierlich begeht

* * * * * * * * * *

Zunächst eine Münchner Festtagssuppen
mit aufgeschnittelten Pfannkuchen und feinen Würstlein darinnen

* *

Dem folgen gar schmackhafte Forellen,
so in unseren Bächen und Flüssen gefangen werden,
gekocht in würzigem Kräutersud,
zierlich garniert und mit zarten Kartoffeln und Butter serviert

* *

Ein zartes Rückstück vom Kalb wird aufgetragen,
saftig gebräunt und gebraten
mit vielen Schüsseln voll Gemüsen und Salaten,
wie sie der sommerliche Garten uns reicht

* *

Zum leckeren Ende bringet man Euch
eine köstliche Crème
nach Bayrischer Art, die lieblich im Munde zergehet.
Wem das Süße nicht mundet,
dem bieten wir würzigen Käse zum Magenbeschluß

* *

Starker duftender Kaffee mag nun den Geist Euch beleben,
Gebäck Euch erfreuen

Zum Stadtjubiläum wurde das Festmahl poetisch angekündigt.
Ganz prosaisch geht es auf den nächsten Seiten zu. Speiseplan
aus dem Gefängnis München/Stadelheim. Man sieht, die
Knast-Diät ist gar nicht so schlecht ...

A. Normalkost und Krankenkost Form I

Wochentag	Morgens	Mittags	Abends
Sonntag, den 2o. 1o. 1974 — Kalorienwert der Tagesverpflegung 39o9 a) der Erwachsenen ……Kal. b) der Jugendlichen 4216 Heranwachsenden ……Kal.	Milchkaffee 7 Marmelade 1oo Weißbrot 25o Zucker 2o Milchpulver 3o Kal. 1143	Erbsensuppe 3o Schweinebraten 125 Salzkartoffeln 75o Rote-Rüben- 2oo Salat Fett/Zucker 1o/5 (1655)	Bierwurst 1oo Margarine 25 Roggenbrot 25o Tee 4 Zucker 2o Kal. 1111
Montag, den 21. 1o. 1974 — Kalorienwert der Tagesverpflegung 3558 a) der Erwachsenen ……Kal. b) der Jugendlichen 3865 Heranwachsenden ……Kal.	Milchkaffee 7 Margarine 25 Roggenbrot 25o Zucker 2o Milchpulver 3o Kal. 1oo6	Grießsuppe 3o Nudelgulasch End. Salat 1/4 Fleisch 5o Teigwaren 175 Tomatenmark 5 Fett 5+1o Öl (1124) 5	Gemüsesuppe 25o m. Kartoffeln 5oo Fleischeinlage 25 Margarine 25 Tee 4 Roggenbrot 25o Zucker 2o Kal. 1428
Dienstag, den 22. 1o. 1974 — Kalorienwert der Tagesverpflegung 3953 a) der Erwachsenen ……Kal. b) der Jugendlichen 426o Heranwachsenden ……Kal.	Milchkaffee 7 Margarine 25 Roggenbrot 25o Zucker 2o Milchpulver 3o Kal. 1oo6	Geräuchertes 6o Wammerl Wirsinggemüse 5oo Kartoffeln 75o Fett 15 Mehl 25 Kal. 1592	Plockwurst 1oo Margarine 25 Roggenbrot 25o Tee 4 Zucker 2o Kal. 1355
Mittwoch, den 23. 1o. 1974 — Kalorienwert der Tagesverpflegung 3591 a) der Erwachsenen ……Kal. b) der Jugendlichen 3898 Heranwachsenden ……Kal.	Milchkaffee 7 Margarine 25 Roggenbrot 25o Zucker 2o Milchpulver 3o Kal. 1oo6	Lauchsuppe 3o Ochsenzunge 15o Semmelknödel 175 Selleriesal. 2oo Tomatenmark 5 Milchpulver 1o Fett/Mehl 1o/15 Ei/ Öl 1/2/5 (125o)	Fleischsalat 1oo Margarine 25 Tee 4 Roggenbrot 25o 1 Apfel ca. 125 Zucker 2o Kal. 1335
Donnerstag, den 24. 1o. 1974 — Kalorienwert der Tagesverpflegung 3736 a) der Erwachsenen ……Kal. b) der Jugendlichen 4o43 Heranwachsenden ……Kal.	Milchkaffee 7 Marmelade 1oo Roggenbrot 25o Zucker 2o Milchpulver 3o Kal. 1o83	Reissuppe 3o Fleischpflanzl 5o Kart. Brei 75o End. Salat 1/4 Milchp./Öl 25/5 Fett 5+2o Weißbrot 25 Brisola(1526) 2o	Fladen 3oo mit Tee 4 Rosinen 2o Fett 2 Zucker 2o Puderzucker 7 Kal. 1127
Freitag, den 25. 1o. 1974 — Kalorienwert der Tagesverpflegung 394o a) der Erwachsenen ……Kal. b) der Jugendlichen 4247 Heranwachsenden ……Kal.	Milchkaffee 7 Margarine 25 Roggenbrot 25o Zucker 2o Milchpulver 3o Kal. 1oo6	Sternchens. 3o Fisch geb. 2oo Kart. Salat 1ooo Karottensal. 2oo Semmelbrösel 25 Salatöl 5+5 Brisola/Mehl 3/5 Fett (1627) 25	Käse 1oo Margarine 25 Tee 4 Roggenbrot 25o Zucker 2o Kal. 13o7
Samstag, den 26. 1o. 1974 — Kalorienwert der Tagesverpflegung 3468 a) der Erwachsenen ……Kal. b) der Jugendlichen 3775 Heranwachsenden ……Kal.	Milchkaffee 7 Margarine 25 Roggenbrot 25o Zucker 2o Milchpulver 3o Kal. 1oo6	Lauchgemüse 4oo Fleischeinlage 5o Salzkartoffeln 75o Mehl 25 Fett 15 Kal. 1351	Leber-Preßsack 1oo Margarine 25 Tee 4 Roggenbrot 25o Zucker 2o Kal. 1111

B. Krankenkost Form II

Wochentag	Morgens	Mittags	Abends
Sonntag 2o. 1o. 1974 den .... Kalorienwert der Tagesverpflegung **4391** a) der Erwachsenen ....Kal. b) der Jugendlichen und Heranwachsenden ....Kal.	Milchkaffee 7 Marmelade 1oo Weißbrot 25o Vollmilch 5oo Zucker 2o Milchpulver 3o Kal. 1478	Erbsensuppe 3o Rinderbraten 125 Kart. Brei 75o Rote-Rüben- 2oo Salat Milchpulver 25 Zucker/Fett 5/15 Mehl (1743) 15	Bierwurst 1oo Margarine 25 Tee 4 Weißbrot 25o Zucker 2o Kal. 117o
Montag 21. 1o. 1974 den .... Kalorienwert der Tagesverpflegung **4o11** a) der Erwachsenen ....Kal. b) der Jugendlichen und Heranwachsenden ....Kal.	Milchkaffee 7 Margarine 25 Weißbrot 25o Vollmilch 5oo Zucker 2o Milchpulver 3o Kal. 14o1	Grießsuppe 3o Nudelgulasch End. Salat 1/4 Fleisch 5o Teigwaren 175 Tomatenmark 5 Fett 5+1o Öl (1124) 5	Gemüsesuppe 25o m. Kartoffeln 5oo Fleischeinlage 25 Tee 4 Margarine 25 Weißbrot 25o Zucker 2o Kal. 1486
Dienstag 22. 1o. 1974 den .... Kalorienwert der Tagesverpflegung **4238** a) der Erwachsenen ....Kal. b) der Jugendlichen und Heranwachsenden ....Kal.	Milchkaffee 7 Margarine 25 Weißbrot 25o Vollmilch 5oo Zucker 2o Milchpulver 3o Kal. 14o1	Bohnengemüse Fleischeinl. 5o Salzkartoffeln 75o Tr. Bohnen 3o Fett 15 Mehl 25 Kal. 1424	Plockwurst 1oo Margarine 25 Tee 4 Weißbrot 25o Zucker 2o Kal. 1413
Mittwoch 23. 1o. 1974 den .... Kalorienwert der Tagesverpflegung **4o46** a) der Erwachsenen ....Kal. b) der Jugendlichen und Heranwachsenden ....Kal.	Milchkaffee 7 Margarine 25 Weißbrot 25o Vollmilch 5oo Zucker 2o Milchpulver 3o Kal. 14o1	Lauchsuppe 3o Ochsenzunge 15o Semmelknödel 175 Selleriesal. 2oo Milchpulver 1o Tomatenmark 5 Fett/Mehl 1o/15 Ei/Öl (25o) 1/2/5	Fleischsalat 1oo Margarine 25 Tee 4 Weißbrot 25o 1 Apfel ca. 125 Zucker 2o Kal. 1395
Donnerstag 24. 1o, 1974 den .... Kalorienwert der Tagesverpflegung **42o9** a) der Erwachsenen ....Kal. b) der Jugendlichen und Heranwachsenden ....Kal.	Milchkaffee 7 Marmelade 1oo Weißbrot 25o Vollmilch 5oo Zucker 2o Milchpulver 3o Kal. 1478	Reissuppe 3o Fleischpflanzl 5o Kart. Brei 75o End. Salat 1/4 Milchp./Öl 25/5 Fett 5+2o Knödelbrot 25 Brisola (16o4) 2o	Fladen 5oo mit Tee 4 Rosinen 2o Fett 2 Zucker 2o Puderzucker 7 Kal. 1127
Freitag 25. 1o. 1974 den .... Kalorienwert der Tagesverpflegung **3959** a) der Erwachsenen ....Kal. b) der Jugendlichen und Heranwachsenden ....Kal.	Milchkaffee 7 Margarine 25 Weißbrot 25o Vollmilch 5oo Zucker 2o Milchpulver 3o Kal. 14o1	Sternchensuppe 3o Fisch gekocht 2oo Karottensal. 2oo Buttersoße 2o Salzkartoffeln 75o Salatöl 5 Kal. 1193	Käse 1oo Margarine 25 Tee 4 Weißbrot 25o Zucker 2o Kal. 13o7
Samstag 26. 1o. 1974 den .... Kalorienwert der Tagesverpflegung **3921** a) der Erwachsenen ....Kal. b) der Jugendlichen und Heranwachsenden ....Kal.	Milchkaffee 7 Margarine 25 Weißbrot 25o Vollmilch 5oo Zucker 2o Milchpulver 3o Kal. 14o1	Lauchgemüse 4oo mit Fleisch 5o Salzkartoffeln 75o Fett 15 Mehl 25 Kal. 1351	Leber-Preßsack 1oo Margarine 25 Tee 4 Weißbrot 25o Zucker 2o Kal. 1169

RESTAURANT DU SIEGE DE PARIS.

MENU DU JOUR

Potages.
Pot-au-feu Grégeois.
Bisque à la Maupas
Purée Mac-adam.

Poissons.
Queues de Morue Sénatoriales
Maquereaux fumés à l'Impériale
Poissons Rouges au bleu.

Entrées.
Gibelotte d'angora
Salmis de Rats collecteur
Pieds d'Eléphant, poulette
Bosse de Chameau à la Bismark
Culotte de Mulet Bretonne
Cotelettes de Singe parés à la Persigny
Oreilles d'âne à la Frossard
Gigot de Caniche à la Sansfourche
Trompe d'Eléphant vinaigrette
Carottes, financière
Aigle aux navets.
Filet Chevaleresque, sauce Magnart

Desserts.
Bombes Glacées & autres ...
Glaces, œufs à la neige, Gelées.
Prunes Remington
Dragées Chassepot
Brioches ollivier &a &a.

Das war Paris, die Hauptstadt des guten Geschmacks, während des siebziger Krieges. Die satirische Menükarte zeigt, was die Pariser damals während der deutschen Belagerung tatsächlich verzehrt haben: Goldfische, Ratten, Katzen, Pferde, Elefanten und blaue Bohnen.

GEBURTSTAGS MENÜ

LYSSAJA-GORA, 5. MÄRZ 1944

Suppe

Rinderbraten, Salzkartoffeln

Vanille-Pudding

Bohnenkaffee

Gebäck

Franz. Cognac

ARMAGNAC

HOTEL ESPLANADE

Abendessen
RM 5.—

Legierte Ochsenschwanzsuppe
10 g Weißbrot

oder

Kraftbrühe mit Einlage

———

Schellfischfilets gebacken, Sce. Choron
20 g Fett

oder

Paniertes Kalbskotelett,
fr. Karotten m. feinen Kräutern, Kartoffeln
100 g Fleisch, 20 g Fett

oder

Zwischenrippenstück Minute spanisch,
frische grüne Bohnen, Kartoffeln
100 g Fleisch, 20 g Fett

oder

Wildpastete in Rotwein mit Pfifferlingen,
Escarolesalat, Kartoffeln
50 g Fleisch, 10 g Fett

oder

Frische Gemüseplatte mit Beilage
markenfrei

———

Eisauflauf Paquita
50 g Weißbrot

Sonntag, den 5. Oktober 1941

Restaurant Horcher
Berlin W 62, Lutherstr. 27

Oslo den 23.3.41

```
+ Saurer Hering mit Brot & Butter ....... 1.25
+ Marinierter Hering mit Brot & Butter .. 1.50
+ Fischsalat ............................ 1.25
  Blumenkohl Polonaise .................. 2.-
+ Krabben naturell ..................... 1.75
  Hummerragout americain ............... 3.-
+ Hummer naturell mit Brot und Butter ... 2.75
+ gekochter Heilbutt mit zerl. Butter ... 2.50
+ gepökelte Forelle mit Knäckebrot ...... 2.50
+ Kaninchen mit Sahnensauce ............. 4.-
+ Krammetsvögel mit Speck ............... 4.-
+ Walfleisch, gebr. mit Zwiebeln ........ 2.50
  Räucherschinken mit Spinat ........... 3.-
  Fleischklöschen mit Tomatentunke ...... 2.-
  Karamelpudding ........................ -.75
  Tagessüsspeise ........................ -.75
+ 20 Fettmarke
```

Noch ein Krieg, der von 1939–1945: Links oben ein Geburtstagsmenü im Rußlandfeldzug mit französischem Kognak und Armagnac, rechts oben Kriegskarte vom Berliner Esplanade mit Angabe der Lebensmittelmarken, unten kocht Horcher aus Berlin in einem Offizierskasino in Oslo 1941.

Verlag und Autor danken den Leihgebern für ihre Beiträge zu diesem Buch. Der Autor muß auch noch seine Freunde, die Gastronomen und Köche, grüßen, die er bei vielen unvergeßlichen kulinarischen Erlebnissen kennenlernte, von denen er manches über die hohe Kochkunst und die vollendete Gastgeberei erfuhr. Besonderer Dank gilt zwei Sammlern, die mit dazu beigetragen haben, daß hier die interessantesten und schönsten Speisekarten versammelt werden konnten. Da ist zuerst Herr Ferdinand Sander, DSG-Hotel-Chef in Mannheim. Der Mann, der die Gastronomie von der Pike auf kennenlernte, begann das Sammeln von Speisekarten, als ihm vor dem Krieg beim Speicher-Entrümpeln ein Karton mit schönen alten Menüs in die Hand fiel. Seither wendet er fast seine ganze Freizeit für dies Hobby auf. Aus seiner Sammlung sind die Menükarten auf den Seiten 138, 139, 140, 141, 146, 147, 153, 155, 157, 159, 160, 161, 162, 163, 164, 166, 167, 169, 174, 175, 176, 177, 181, 182, 183, 192, 193, 194, 195, 196, 197, 207. Auch der Münchner Kaufmann Max Bauernfeind hat seinen Beruf zu seinem Hobby gemacht. Bei kulinarischen Reisen rund um die Welt sammelte er Speisekarten, ganze Schränke voll. Die schönsten Stücke hat er uns für dieses Buch überlassen (Seiten 56, 57, 58, 59, 60, 61, 62, 63, 64, 66, 67, 70, 71, 72, 73, 76, 77, 78, 79, 80, 81, 90, 91, 92, 93, 94, 95, 102, 103, 113, 114, 115, 116, 117, 118, 119, 120, 122, 123). Alle übrigen Karten stammen aus der Sammlung des Autors. Soweit das Jahr festzustellen war, in dem die Speisekarten erschienen, ist das im Inhaltsverzeichnis vermerkt. Die meisten Karten sind in Originalgröße abgebildet.

© 1975 ISBN 3-475-52129-6
Dies Buch erscheint in der Reihe »Rosenheimer Raritäten« im Rosenheimer Verlagshaus Alfred Förg, Rosenheim. Es wurde hergestellt in der Druckanstalt Welsermühl in Wels, Oberösterreich. Den Schutzumschlag gestaltete Ulrich Eichberger, München.